国家智库报告 2020（27）
National Think Tank

经 济

京津冀协同发展指数报告（2020）

中国社会科学院京津冀协同发展智库京津冀协同发展指数课题组 著

BEIJING-TIANJIN-HEBEI INTEGRATED DEVELOPMENT INDEX REPORT (2020)

中国社会科学出版社

图书在版编目(CIP)数据

京津冀协同发展指数报告. 2020／中国社会科学院京津冀协同发展智库京津冀协同发展指数课题组著. —北京：中国社会科学出版社，2020.8
（国家智库报告）
ISBN 978-7-5203-6956-5

Ⅰ.①京… Ⅱ.①中… Ⅲ.①区域经济发展—协调发展—指数—研究报告—华北地区—2020 Ⅳ.①F127.2

中国版本图书馆 CIP 数据核字（2020）第 146831 号

出 版 人	赵剑英
项目统筹	王 茵
责任编辑	孙砚文　周 佳
责任校对	朱妍洁
责任印制	李寡寡

出　版	中国社会科学出版社
社　址	北京鼓楼西大街甲 158 号
邮　编	100720
网　址	http://www.csspw.cn
发 行 部	010-84083685
门 市 部	010-84029450
经　销	新华书店及其他书店

印刷装订	北京君升印刷有限公司
版　次	2020 年 8 月第 1 版
印　次	2020 年 8 月第 1 次印刷

开　本	787×1092　1/16
印　张	9.5
插　页	2
字　数	108 千字
定　价	59.00 元

凡购买中国社会科学出版社图书，如有质量问题请与本社营销中心联系调换
电话：010-84083683
版权所有　侵权必究

中国社会科学院京津冀协同发展智库理事长：

  蔡　昉　中国社会科学院副院长、学部委员

中国社会科学院京津冀协同发展智库主任、编写组负责人：

  史　丹　中国社会科学院工业经济研究所所长、研究员

编写组协调人：

  李鹏飞　中国社会科学院工业经济研究所联络处处长、研究员

  崔志新　中国社会科学院工业经济研究所《中国工业经济》编辑部编辑、助理研究员

编写组成员：

  李海舰　中国社会科学院数量经济与技术经济研究所党委书记、副所长、研究员

  杨丹辉　中国社会科学院工业经济研究所新兴产业研究室主任、研究员

  刘湘丽　中国社会科学院工业经济研究所企业管理研究室研究员

  叶振宇　中国社会科学院工业经济研究所区域经济研究室副主任、副研究员

  渠慎宁　中国社会科学院工业经济研究所新兴产业研究室副研究员

崔志新　中国社会科学院工业经济研究所《中国工业经济》编辑部编辑、助理研究员

覃　毅　中国社会科学院工业经济研究所助理研究员

周　麟　中国社会科学院工业经济研究所助理研究员

王丹宇　甘肃省社会科学院区域经济研究所副研究员

王　宁　商务部研究院世界经济研究所助理研究员

李凌霄　中国社会科学院研究生院博士研究生

摘要： 本报告在前期研究的基础上，继续运用基于创新、协调、绿色、开放、共享的新发展理念构建的京津冀协同发展指数评价指标体系跟踪评价京津冀协同发展的阶段效果。测算结果表明，2018年京津冀协同发展指数总体呈现上升趋势，指数值为162.9，较2005年提高了62.9个点，平均每年提高了4.8个点，其中2018年增幅明显，较上一年提高了8.0个点。总体来看，自2013年开始，京津冀协同发展指数上升趋势显著，2013—2018年的增幅明显相对较快，平均每年提高了6.1个点，较2005—2013年平均提高了2.1个点，反映出京津冀协同发展战略的实施有效推动了区域协同发展。

从京津冀创新发展、协调发展、绿色发展、开放发展和共享发展五大发展协同指数变化趋势看，绿色发展协同指数和协调发展协同指数增长较快，是推动京津冀协同发展指数增长的主要力量，共享发展协同指数和创新发展协同指数次之，而开放发展协同指数对京津冀协同发展指数拉动作用不强，且略有下降趋势。与上年相比，京津冀五大发展协同指数在2018年呈现"四升一降"趋势，其中创新发展、绿色发展、开放发展和共享发展四个指标呈上升的趋势，分别提高了3.9个点、17.1个点、4.9个点和15.1个点，而协调发展指标呈增长放缓趋势，约下降了0.9个点。

从京津冀三地发展指数的横向比较看，北京综合发展指数最高，天津次之，河北最低。2018年，京津冀三地综合发展指数值分别为67.4、65.1和43.2，其中，2013—2018年，京津冀三地综合发展指数值平均每年分别提高了0.6个点、1.2个点和2.8个点，较2005—2013年平均分别提高了0.4个点、0.3个点和2.6个点。自京津冀协同发展战略实施以来，京津冀三地综合发展指数值在2013年以后提高幅度相对较大，从2018年三地的综合发展指数值变化情况来看，京津冀三地仍延续上升趋势，指数值较上年分别增长0.2个点、1.7个点和3.6个点。

为了深入推进京津冀协同发展战略，本报告对河北雄安新区建设及京津冀协同发展若干重大问题进行深入专题研究，针对京津冀协同发展存在的问题，本报告建议采用如下措施加以应对：一是启动实施新一轮北京非首都功能疏解；二是提升北京城市副中心产业发展条件；三是探索政府主导、社会资本参与、市场化运作的雄安新区城市投融资模式；四是完善大气污染防治方式；五是积极探索产业转移协作的市场化实践模式；六是尽快完成"微中心"的顶层设计；七是建立"互联网+"公共服务共享平台。

关键词：京津冀协同发展；雄安新区；五大发展理念；协同发展指数；地区发展指数

Abstract: Based on the previous research, this report continues to use the Beijing-Tianjin-Hebei integrated development index system based on the new development concept of innovation, coordination, green, open and sharing to track and evaluate the stage effect of Beijing-Tianjin-Hebei integrated development. According to the calculation results, the Beijing-Tianjin-Hebei integrated development index showed an overall upward trend in 2018, with a value of 162.9 points, an increase of 62.9 points over 2005 and an average increase of 4.8 points per year. Among them, the growth rate in 2018 is obvious, which is 8.0 points higher than that of the previous year. In general, the Beijing-Tianjin-Hebei integrated development index has shown a significant upward trend since 2013, and the growth rate from 2013 to 2018 is relatively fast, with an average annual increase of 6.1 points and an average increase of 2.1 points compared with from 2005 to 2013, reflecting that the implementation of the integrated development strategy of the Beijing-Tianjin-Hebei region has effectively promoted the coordinated development of the region.

From the perspective of the trends of the five development indexes of innovative development, coordinated development, green development, open development and shared development in the Beijing-Tianjin-Hebei region, green development index and coordinated development index grew rapidly, and that is the major force to promote the growth of coordinated development index; shared development index and innovative development index followed, while the open development index did not play a strong role in promoting the Beijing-Tianjin-Hebeiintegrated development index, with a slight downward trend. Compared with the previous year, the five development indexes showed a trend of "four liters a drop" in 2018. Among them, the four indicators of innovative development, green development, open development and shared development showed an upward trend, increasing by 3.9 points, 17.1 points, 4.9 points and 15.1 points respectively, while the coordinated development index showed a downward trend, decreasing by 0.9 points.

From the horizontal comparison of the development indexes of Beijing-Tianjin-Hebei region, the comprehensive development index of Beijing is the highest, followed by Tianjin, and Hebei is the lowest. In 2018, Beijing, Tianjin and Tebei indexes values were 67.4, 65.1 and 43.2, respectively. From 2013 to 2018, Beijing, Tianjin and Tebei index values increased by 0.6 points, 1.2 points and 2.8 points per year on average. Compared with the average of

2005 – 2013, it increased by 0.4 points, 0.3 points and 2.6 points. Since the implementation of the strategy of the coordinated development of Beijing-Tianjin-Hebei, Beijing, Tianjin and Hebei have improved by a relatively large margin since 2013, judging from the changes in the comprehensive development index values in 2018, Beijing, Tianjin and Hebei index values continue to rise, the index values increased by 0.2 points, 1.7 points and 3.6 points over the previous year.

In order to further promote the coordinated development strategy of the Beijing-Tianjin-Hebei region, this report conducts an in-depth study on the construction of the Xiong'an new area and the coordinated development of the Beijing-Tianjin-Hebei region. To address the problems in the coordinated development of the Beijing-Tianjin-Hebei region, this report proposes the following measures: First, a new round of Beijing's non-capital functions will be launched; Second, improve the conditions for the development of sub-center industries in Beijing; Third, explore the mode of urban investment and financing in the Xiong'an new area, which is led by the government, involving social capital and operated by the market; Fourth, improve ways to prevent and control air pollution; Fifth, actively explore the market-oriented practice mode of industrial transfer cooperation; Sixth, finish the top-level design of "micro center" as soon as possible; Seventh, the establishment of the "Internet plus" public service sharing platform.

Key words: Beijing-Tianjin-Hebei Integrated Development, Xiong'an New Area, New Development Concept, Integrated Development Index System, District Development Index

目 录

一 京津冀协同发展的进展与成效 ……………（1）
    （一）北京非首都功能疏解取得阶段性
          进展 ………………………………………（1）
    （二）河北雄安新区与北京城市副中心
          规划建设高标准、高质量推进 …………（4）
    （三）区域生态建设与环境治理提质增效 ……（8）
    （四）区域交通一体化加速落实 ………………（11）
    （五）协力推进冬奥会筹办工作 ………………（13）
    （六）区域协同创新进展顺利 …………………（14）
    （七）区域公共服务共建共享持续完善 ………（17）
    （八）乡村振兴、脱贫攻坚与对口帮扶
          工作深入开展………………………………（18）

二 京津冀协同发展指数的评价指标体系 ………（21）
    （一）指标体系的构建原则……………………（21）

（二）指标体系的研究设计……………………（23）
（三）指标体系的测算方法……………………（32）
（四）指标测算的数据说明……………………（34）

三 京津冀协同发展指数的结果分析……………（37）
（一）京津冀协同发展指数总体趋势…………（37）
（二）京津冀创新发展协同指数………………（39）
（三）京津冀协调发展协同指数………………（43）
（四）京津冀绿色发展协同指数………………（46）
（五）京津冀开放发展协同指数………………（49）
（六）京津冀共享发展协同指数………………（52）

四 京津冀三地发展指数的比较分析……………（56）
（一）京津冀综合发展指数比较………………（56）
（二）京津冀创新发展指数比较………………（57）
（三）京津冀协调发展指数比较………………（63）
（四）京津冀绿色发展指数比较………………（67）
（五）京津冀开放发展指数比较………………（70）
（六）京津冀共享发展指数比较………………（74）

五 河北雄安新区高质量发展专题研究…………（79）
（一）推动雄安新区传统产业调整升级
的几点建议…………………………………（79）

（二）建立"一核两翼"科技创新协同发展
路径的建议 …………………………………（86）
（三）关于人工智能加快发展背景下河北
雄安新区做好人力资源储备的建议 ……（92）
（四）加快推进雄安新区高水平全面开放
的建议 ………………………………………（99）
（五）基于"社会问题"意识，求解雄安
新区发展 ……………………………………（106）

六 深入推进京津冀协同发展的政策建议 ……（115）
（一）启动实施新一轮北京非首都
功能疏解 ……………………………………（115）
（二）提升北京城市副中心产业发展
条件 …………………………………………（116）
（三）探索政府主导、社会资本参与、市场化
运作的雄安新区城市投融资模式 ……（117）
（四）完善大气污染防治方式 ………………（118）
（五）积极探索产业转移协作的市场化
实践模式 ……………………………………（118）
（六）尽快完成"微中心"的顶层设计 ……（119）
（七）建立"互联网+"公共服务共享
平台 …………………………………………（120）

附录 京津冀协同发展大事记 …………………（122）

参考文献 ………………………………………（134）

一　京津冀协同发展的进展与成效

时光荏苒，在以习近平同志为核心的党中央谋划推动下，京津冀协同发展战略高标准、高质量实施已有六年。从《京津冀协同发展规划纲要》的审议通过，到《"十三五"时期京津冀国民经济和社会发展战略》的印发实施；从有序疏解非首都功能政策的提出，到河北雄安新区的设立与北京城市副中心的建设，一系列重大决策部署、发展规划以及配套政策的出台引领京津冀三地互利共赢、协同共生。近两年来，京津冀协同发展进展顺利，在非首都功能疏解、区域生态建设与环境治理、冬奥会筹办及区域协同创新等领域成绩优良。

（一）北京非首都功能疏解取得阶段性进展

第一，北京疏解非首都功能成效显著。北京人口调控与服务管理机制日臻完善，常住人口连续三年保持负增长，2019年全市常住人口2153.6万人，较2016年下降0.9%，同比减少19.3万人（图1-1），其中，15—59岁（劳动年龄人口）常住人口为1555.6万人，减幅达到45.1万人。相关企业、市场的疏解力度进一步加码，2018年以来累计退出一般制造业企业千余家，疏解提升市场和物流中心270个；截至2019年年底，全市不予办理工商登记业务累计达2.28万件。北京市政府公布2018年版《北京市新增产业的禁止和限制目录》，与2015年的版本相比，改动多达73处，不仅明确了新增产业和功能底线，对非首都功能增量进行严苛禁限，还将北京城市副中心单独列出，着重强调分区域、差别化禁限管理模式，并被公认为全国首个以治理"大城市病"为目标的产业指导目录。同时，一系列行之有效的疏解行动也为城市环境的整治提升带来契机，全市自2018年以来共拆违腾退土地1.25万公顷，园林部门利用拆迁腾退土地建成朝阳汇星苑、房山长阳等森林8处，以及启动建设15处公园，公园绿地500米服务半径覆盖率由2018年的80%提升到2019年的83%。

第二，津冀两地积极承接非首都功能，产业对接协作纵深推进。天津为积极承接北京非首都功能，全面推动全市工业园区（集聚区）整治工作，出台《天

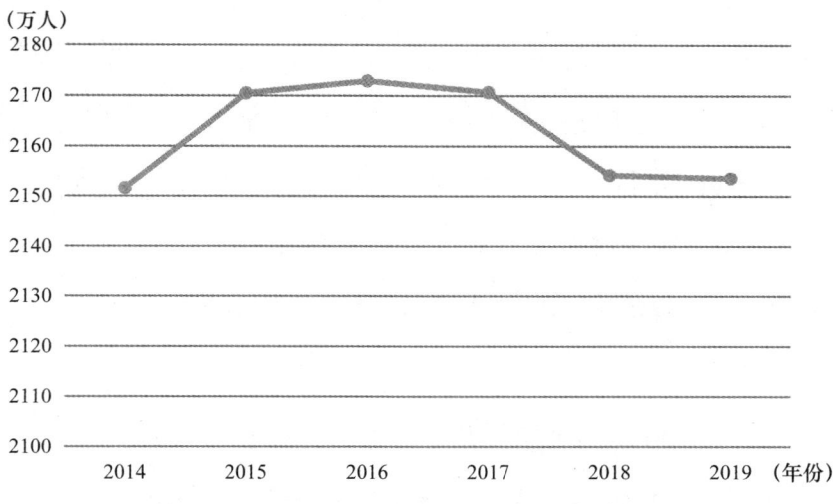

图1-1 2014—2019年北京常住人口规模

资料来源：相关年份的《北京统计年鉴》。

津市工业园区（集聚区）围城问题治理工作实施方案》。2019年，北京在天津投资到位额为1347亿元，占全市引进内资的一半左右。天津以滨海新区为引擎承载平台，各区专业承载平台为支撑的"1+16"承接格局体系扮演了非首都功能强磁场的关键角色。其中，天津滨海新区承接首都功能疏解项目468个、协议投资额达2711.9亿元，天津滨海—中关村科技园新增注册企业502家。河北在2018年与京津两地市场监管部门签署多项区域合作计划，共同组织制定协同标准24项，旨在承接非首都功能与产业区际协作。在京津冀协同发展中，河北已承接来自京津两地的基本单位7200多个，其中，2019年河北共承接京津两地单位

946个。廊坊北三县充分发挥区域优势,积极与北京开展多领域对接活动,2019年以来,共签约北京转移项目67个,总投资达362亿元。作为北京非首都功能疏解集中承载地,雄安新区与中关村管委会签订了建设雄安中关村科技园合作协议,截至2019年3月有12家中关村企业入驻雄安中关村科技产业基地。

(二)河北雄安新区与北京城市副中心规划建设高标准、高质量推进

第一,规划编制、实施工作进展顺利,顶层设计取得重大突破。2018年4月,中共中央、国务院对《河北雄安新区规划纲要》(以下简称《纲要》)作出批复,指出雄安新区要以《纲要》为指导,建设成为绿色生态宜居新城区、创新驱动发展引领区、协调发展示范区、开放发展先行区,努力打造贯彻落实新发展理念的创新发展示范区;明确新区的发展定位——高水平社会主义现代化城市、京津冀世界级城市群的重要一极、现代化经济体系的新引擎、推动高质量发展的全国样板。同年12月,经党中央、国务院同意,国务院对《河北雄安新区总体规划(2018—2035年)》作出批复,并从紧扣新区战略定位、有序承接北京非首都功能疏解、优化国土空间开发保护格局等方面提

出指导性意见。同期批复《白洋淀生态环境治理和保护规划（2018—2035年）》，明确生态环境治理与保护目标。

同样，2018年也是北京城市副中心规划建设砥砺奋进的一年。《北京城市副中心控制性详细规划（街区层面）（2016—2035年）》历经两年打磨，于12月经中共中央、国务院正式批复，这对于高质量推进副中心建设，打造国际一流的和谐宜居之都示范区、新型城镇化示范区和京津冀区域协同发展示范区，与河北雄安新区形成北京新的两翼具有重要意义。与此同时，市政基础设施、地下综合管廊和海绵城市等专项规划也于年内通过市、区相关部门审核。市级机关搬迁工作进展顺利，2019年1月，城市副中心行政办公区一期工程完工，第一批市级机关紧锣密鼓入驻，共计包含35个部门、165家单位。同时，环球主题公园一期等多项重大项目也已进入施工建设阶段。

第二，生态环境综合治理工作有序进行。2019年，河北雄安新区空气质量的综合指数为6.29，同比下降3.23%；PM2.5浓度同比下降9.68%。积极探索推进雄安新区建设"无废城市"试点，加快雄安新区生态林带建设，共实施绿化近9万亩。白洋淀生态环境治理和保护不断加强，设立了白洋淀综合治理工程作战指挥部，印发了《白洋淀生态环境治理和保护规划（2018—2035年）》，制定了《河北雄安新区碧水保卫战行动计划（2019—2020年）》《河北雄安新区白洋淀生态环境治理和保护规划实施方案（2018—2022）》和《河北雄安新区白洋淀综合治理工程项目实施方案（2019年）》3个工作方案[①]，清理河道、淀区历史积存工业固体废物和生活垃圾183万立方米，使白洋淀淀区水质得到明显改善，白洋淀南刘庄断面水质由劣Ⅴ类好转至Ⅴ类，湖心区断面水质稳定在Ⅳ类，府河、孝义河两条主要入淀河流水质分别由劣Ⅴ类改善至Ⅳ类和Ⅴ类。

北京城市副中心生态格局规模、体系逐步完善，在全市率先实现"无煤化"，生活垃圾全部实现无害化处理，水环境质量快速提升，地表水环境改善率全市第一。统计显示，2019年，城市副中心生态环境状况指数比上年提高3.8%[②]，森林覆盖率达到30.3%。2018—2019年，新增绿化面积共8.85万亩。截至2019年年底，人均公园绿地面积达17平方米，同比增加2平方米，公园绿地500米服务半径覆盖率提升至

[①]《天更蓝 水更清 土更净 雄安新区生态环境治理显成效——2019年雄安新区生态环境整治报告》，2020年1月29日，中国雄安官网，http://www.xiongan.gov.cn/2020-01/29/c_1210451461.htm。

[②] 北京市生态环境局：《2019北京市生态环境状况公报》，http://sthjj.beijing.gov.cn/bjhrb/index/xxgk69/sthjlyzwg/1718880/1718881/1718882/1791057/2020051111183160595.pdf。

85.8%。城市副中心 PM2.5 累计浓度从 2016 年的 80 微克/立方米下降至 2019 年的 46 微克/立方米①,下降了 42.5%,空气质量明显改善。

第三,创新、交通与公共服务等方面建设、对接工作同步推动。河北雄安新区与中关村管委会进一步加快创新协作,积极推动雄安中关村科技产业基地建设,引导北京科技创新资源落户新区。例如,作为中关村首批入驻新区的 12 家企业之一,眼神科技已正式落户,人工智能研究院、院士工作站等高技术、高质量合作平台也已列入筹备计划。在交通方面,新区首个重大交通项目——北京至雄安城际铁路于 2018 年 2 月正式开工,霸州段、雄县段及雄安站等重要节点性工程均已在年内进入实质性施工阶段。在教育方面,签订《北京市教育委员会雄安新区管理委员会关于雄安教育发展合作协议》,启动北京市教育援助新区项目,北京市朝阳区实验小学雄安校区、北京市第八十中学雄安校区、北京市六一幼儿园雄安校区、北京市海淀区中关村第三小学雄安校区等第一批对口帮扶学校正式挂牌。同时,河北省内部优质基础教育资源要素有序联动,石家庄二中、河北师范大学等学校积极与雄安新区对接。截至 2019 年年初雄安新区共有 45 所学校与京津冀优质教育资源建立帮扶合作关系,为

---

① 《副中心奔跑这一年》,《北京晚报》2020 年 1 月 11 日第 10 版。

整体提升雄安教育发展水平奠定了良好的基础。

北京城市副中心的创新协作工作同样成果斐然，2018年新增国家级高新技术企业170家，中关村科技园区通州园储备高精尖项目近100个，北京人力资源服务产业园通州园获评国家级园区，32家种子企业已确定入园。在公共服务方面，北京积极推动优质教育、医疗卫生资源要素向北京城市副中心流动与联动发展。例如，北京五中通州校区实现招生，中国人民大学附属中学通州校区等5所学校具备开学条件，首都师范大学附属中学通州校区、景山学校通州校区也已开工建设。北京友谊医院通州院区自2018年12月启动以来的一年时间接诊患者70余万次，安贞医院通州院区、人民医院通州院区等项目进展顺利，18家社区卫生服务中心与北京市东城、西城、海淀、朝阳等城区优质资源实现精准对接。

（三）区域生态建设与环境治理提质增效

第一，大气污染治理成效显著，空气质量得到改善。京津冀及周边地区携手推进大气污染治理工作，全面达成空气质量改善目标。针对污染频发的秋冬季重点时段，京津冀及周边地区连续联合发布《京津冀及周边地区秋冬季大气污染综合治理攻坚行动方案》，京津冀三地还完成了新一轮重污染天气应急预案修订，对预警期间主要污染物的减排比例进行统一划定，大力推进散煤治理，截至2019年10月，"2+26"城市[①]完成散煤替代524万户。2019年，京津冀及周边地区"2+26"城市空气质量明显提升，平均优良天数比例达到53.1%，同比提高2.6个百分点；PM2.5平均浓度为57微克/立方米，同比下降1.7%[②]。其中，北京PM2.5平均浓度最低，达到47微克/立方米，其次是廊坊、长治2个城市，均为55微克/立方米。

第二，水污染治理成效显著，重要水功能区水质得到改善。北京全市污水处理率达到93%，重要水功能区水质达到国家考核要求，平原地下水位回升近2米，密云水库需水量超过25亿立方米。天津全市地表水水质改善同样成绩斐然，达到或优于Ⅲ类水质断面的比例同比上升5%，劣Ⅳ类水体比例则下降15%；4101个河流环境问题完成治理，中心城区20条河道得到生态修复，海河南、北两大水系连通工程也于年内

---

① "2+26"城市：2指北京和天津，26指河北省石家庄、唐山、保定、廊坊、沧州、衡水、邯郸、邢台，山西省太原、阳泉、长治、晋城，山东省济南、淄博、聊城、德州、滨州、济宁、菏泽，河南省郑州、新乡、鹤壁、安阳、焦作、濮阳、开封这26个城市。

② 《生态环境部公布2019年全国生态环境质量简况》，2020年5月7日，中华人民共和国生态环境部网站，http://www.mee.gov.cn/xxgk2018/xxgk/xxgk15/202005/t20200507_777895.html。

建设，生态补水 10.65 亿立方米。河北全省地表水达到或优于Ⅲ类水质断面的比例同比上升 6.3%，3 条重污染河流断面水质达标，40 条城市黑臭水体得到整治；江水利用也取得突破，全年河湖生态补水 13.9 亿立方米，试点河道地下水位平均回升 0.76 米。同时，三地还在 2018 年相继发布新修订版《水污染防治条例》，进一步提升防治标准与要求，并共同开启大清河、白洋淀流域水环境联合执法工作。

第三，环境容量和生态空间日益扩大。京津冀三地合作进一步加强，持续推进京津风沙源治理、太行山绿化等国家级重点生态工程。其中，2018 年完成人工造林 3.4 万亩、2019 年完成困难地造林 2.26 万亩。京冀两地开启"协同保水"新模式，两地生态水源保护林已达百万亩，初步形成保护京冀水源的绿色生态带。从京津冀三地来看：2018—2019 年，北京持续推进新一轮百万亩造林绿化工程，新增造林绿化面积 50 余万亩、城市绿地 1500 余公顷，森林覆盖率从 2018 年的 43.5% 提高到 2019 年的 44%，城市绿化覆盖率从 2018 年的 48.4% 提高到 2019 年的 48.46%。天津于 2018 年完成全国首批生态保护红线划定，并对湿地自然保护区"1+4"规划进行落实，对 875 平方千米湿地开展新一轮的升级保护。河北 2018 年发布《河北省生态保护红线》，共划定生态保护红线 4.05 万平方千米，占全省面积的 20.70%。2019 年，河北营造林 1026 万亩，森林覆盖率达到 35%。

（四）区域交通一体化加速落实

第一，京津冀三地民航协同发展取得关键性进展。京津冀机场群运营管理能力继续增强，2019 年全年完成旅客吞吐量约 1.47 亿人次，较 2016 年增长 17%，北京首都国际机场跻身亿级机场行列，天津滨海国际机场与石家庄正定国际机场位列千万级机场行列（见表 1-1），同时，河北机场集团于 2018 年纳入首都机场集团统一管理，京津冀主要机场由此实现一体化运营管理。

此外，2019 年 9 月，北京南苑机场正式关闭，而北京大兴国际机场建成通航，这明显有利于提升京津冀区域综合交通枢纽作用，如借助轨道交通、公交、城际铁路等多种交通形式联动，与北京中心城区以及天津、廊坊、唐山、保定等形成 1 小时通达京津冀的交通网络，进一步拓展京津冀机场群运营质量与效率。

表 1-1　　　　2016—2019 年京津冀三地机场旅客吞吐量　　（单位：万人）

机场名称	2016 年	2017 年	2018 年	2019 年
北京首都国际机场	9439.3	9578.6	10098.3	10001.4
北京南苑机场	558.6	595.4	651.3	506.0

续表

机场名称	2016年	2017年	2018年	2019年
北京大兴国际机场	—	—	—	313.5
天津滨海国际机场	1687.2	2100.5	2359.1	2381.3
石家庄正定国际机场	721.5	958.3	1133.2	1192.3
邯郸马头机场	46.3	68.4	76.4	97.1
秦皇岛北戴河机场	23.1	32.8	41.4	50.7
唐山三女河机场	24.1	51.9	57.4	50.5
张家口宁远机场	35.2	60.1	38.7	30.4
承德普宁机场	—	14.6	43.7	42.4
合计	12535.3	13460.6	14499.5	14665.6

资料来源：相关年份的民航机场吞吐量排名。

第二，多条区域性交通动脉建设深入实施。铁路交通与公路交通网络同步织密。具体来说，京津城际铁路实现时速350千米运行，开行列车数量由108.5对增至136对，津雄城际铁路也正式纳入国家规划；京雄城际铁路、京雄高速开工建设，京沈高铁建设有序，京滨、京唐铁路也在加快建设，京张高铁建成通车；太行山高速全线开通，京秦高速北京段、京冀段、河北大安镇（津冀界）至平安城段接连通车，首都地区环线高速公路通州至大兴段也已建成通车。

第三，京津冀三地交通出行便利程度大幅提升。截至2018年12月底，北京公交集团共开通跨省公交线路50条，包括常规线路41条，快速直达专线、通勤专线等多样化线路9条，日均客运量超过40万人次，基本覆盖了 17 个毗邻津冀区县。京津冀交通一卡通则在三地实现互联互通，发卡数量累计超过 180 万张。同时，京津冀三地高速公路基本实现 ETC 车道全覆盖，ETC 用户和网点数量增速较快，截至 2018 年 12 月底，三地 ETC 用户总量超过 1000 万户，电子收费流量占总通行量比重则达到 40%。

（五）协力推进冬奥会筹办工作

第一，冬奥会场馆和重要基础设施工程建设全面开工。在北京赛区和延庆赛区，国家速滑馆、国家高山滑雪中心等 8 项新建场馆，国家游泳中心、国家体育馆等 5 项改造场馆，京张铁路、延崇高速等 25 项配套基础设施（含交通项目 7 项、水利 4 项、市政项目 14 项）、3 项其他配套项目及 1 项临建场馆，共计 42 个冬奥工程项目开工建设，总体开工率超过 80%，2018 年新开工建设冬奥工程项目则多达 27 项，各项年度目标均超额达成。在崇礼赛区，76 个场馆和配套项目中已有 65 个开工建设，云顶滑雪公园、"三场一村"、张家口南综合枢纽、宁远机场等重点项目快速推进，冬奥核心区工程指挥部也于 2018 年正式成立。

第二，冬奥会服务、宣传工作有序进行。2018 年，北京冬奥组委圆满完成平昌冬奥会、冬残奥会闭幕式接旗仪式和"2022，相约北京"文艺表演，一系列服务、宣传工作也随之展开。在北京，"共享冬奥"公众参与计划全面实施，冬奥知识、冰雪运动在一年来更为深入、广泛地走进人民生活，2018年的市民冰雪季共计组织336项市区级冰雪运动，3753场"一区一品"群众性冰雪运动，年度参与人次超过500万，第三届国际冬季运动博览会也于2018年9月在北京召开，冬奥热度持续升温。在张家口，70项国际国内冰雪体育赛、100项群众性冰雪运动在2018年密集举办，62所冰雪运动特色学校也于2018年相继成立，参与冰雪运动人次超过270万，零度以下经济发展迅速。2019年，冬奥组委正式成立开闭幕式工作部，筹办人才快速集聚，冬奥组委新进工作人员231人，筹办人员已超过700人。

（六）区域协同创新进展顺利

第一，区域协同创新发展政策与合作协议陆续出台、实施。随着创新驱动发展战略的深入实施，京津冀三地出台实施一批重大改革创新举措。例如，为便于更好承接高新技术企业整体迁移落户河北，尽快享受高企税收优惠政策，河北出台了《河北省高新技术企业跨区域整体搬迁资质认定实施细则》；京津冀三地签订《京津冀科技创新券合作协议》，启动创新券共享互认，并确定首批互认科技服务资源和运营机构，共包含753家各类实验室（北京427家、天津238家、河北88家）；京津冀三地签订《关于共同推进京津冀基础研究合作协议（2018—2020年）》，并将2018年度的合作重点聚焦于精准医学领域，优先资助重大心血管疾病等4个方向；京津冀三地签订《关于共同推进京津冀协同创新共同体建设合作协议（2018—2020年）》，计划联合成立工作领导小组，建立联席会议制度，聚焦共建创新要素与资源共享平台等4方面重点任务，深度对接合作并定期开展会商。

第二，"京津研发、河北转化"的协同创新发展模式正在形成。依托中关村向津冀两地辐射，稳步推进以科技园区为支撑的京津冀协同创新模式，加快区域创新产业链融合发展，截至2019年年底中关村企业在津冀设立分支机构累计超过8000家，保定·中关村创新中心、中关村海淀园秦皇岛分园、宝坻京津中关村科技城等创新平台作用逐步显现。如，保定·中关村创新中心入驻创新企业达到252家，一半以上的企业从北京迁徙而来，入驻企业研发投入累计超过1亿元，提供就业岗位近4000个；中关村海淀园秦皇岛分园促进214个项目落地。2019年，北京向津冀两地转移技术合同成交额282.8亿元，增长24.2%。河北与京津两地共建科技园区、创新基地、技术市场等创新载体超过200家，共建产业技术创新联盟76家，吸纳北京技术合同成交额214亿元。在2018年河北科学技术奖评出的259个获奖项目中，产学研协同创新项目多达115项，越来越多的京津科技成果、产业项目也正在向河北转移延伸。同时，为了解决"承接京津科技成果转化孵化的配套能力仍然偏弱"问题，河北还启动实施了"52111"工程，即到2020年实现打造5个战略高地、建设20个示范园区、做强百个转化机构、转化千项重大成果、提升京津科技成果到河北转化孵化比例到10%的目标。

第三，京津冀区域创新活力不断增强。2019年，北京日均设立高新技术企业数量达250家，累计已达2.5万家；每万人发明专利拥有量达132件，技术合同成交额同比增长14.9%；规模以上工业中高技术制造业、战略性新兴产业增加值分别增长9.3%和5.5%。天津深入落实"海河英才"行动计划，累计引进人才24.8万人；科技企业快速发展，国家级高新技术企业、国家级科技型中小企业总数均超过6000家；每万人发明专利拥有量为22.3件，较上年增长10.4%。河北创新主体数量增速较为迅猛，新增国家级高新技术企业、科技型中小企业分别为2000余家、1.1万家；新增省部共建国家重点实验室2家，总数达到12家，新增省级重点实验室、技术研究中心等创新平台307个，高新技术产业增加值增长12%左右。

（七）区域公共服务共建共享持续完善

第一，教育资源共建共享成效显著，协同育人机制愈发多元。京津冀三地教育协同有序推进。"通武廊"基础教育走廊与教育联盟得到夯实，校管理团队互访、管理经验交流、骨干校长及教师联合培养等活动开展超过30次，参与师生超过万人，北京五中分校大厂分校等3个教育协同项目也已于2018年投入使用。京津两地也在积极助推张家口、承德、保定3市教育脱贫，北京通过"老校长下乡"活动帮扶阜平教育，活动参加人数同比实现翻倍增长，北京师范大学举办了"河北省贫困地区中学校长（初中）北师大高级研修班"，共培训张家口、承德、保定等10个深度贫困县中学校长100人。北京成立职业教育专家顾问团，与河北廊坊签署《关于北三县地区教育发展合作协议》。天津继续推动天津市中德应用大学承德分校项目，天津第一商业学校等14所职业院校则与河北保定5所高职院校、73所中职学校开展合作办学活动。同时，京津冀三地联合印发《京津冀教育协同发展行动计划（2018—2020年）》，旨在进一步增强区域教育协同实效。

第二，医疗资源共建共享成效显著，跨省异地就医顺利推进。京津冀持续推动三地医疗协作，签订多项医疗资源共建共享的相关合作协议，如《京津冀突发事件卫生应急合作协议》《京津冀工伤保险工作合作框架协议》《津冀跨省异地就医门诊直接结算项目备忘录》《京津冀医疗保障协同发展合作协议》等，正式启动京津冀地区异地门诊直接结算，探索构建跨省就医"医联体"，北京与河北地区医疗卫生合作项目有序开展，北京 16 家市属医院与河北 26 家医院共同开展 31 个合作项目，三地 411 家实现 36 项临床检验结果互认。截至 2018 年年底，河北参保人在京津就医住院直接结算 16.53 万人次，总费用达 50.15 亿元，在京津两地就医住院人数占全部在外就医住院人数比例超过 90%。此外，北京、天津两地参保人在河北就医住院直接结算人次占省外参保人直接结算人次的比例也达到 40%。

（八）乡村振兴、脱贫攻坚与对口帮扶工作深入开展

第一，京津冀三地深入实施乡村振兴战略。北京市印发《北京市乡村振兴战略规划（2018—2022年）》，启动美丽乡村建设三年专项行动计划，共计开

展71项试点村村庄规划编制,全市乡村规划编制工作拉开序幕。人居环境整治也取得良好进展,2018年,京郊乡村清理积存垃圾33.6万处,新增绿化面积920万平方米,拆除私搭乱建3.9万处,共计1089个乡村完成整治工作,预计到2020年年底,完成全市所有村庄的人居环境整治工作。天津市印发《天津市乡村振兴战略规划(2018—2022年)》,深入开展"百村示范、千村整治"工程,启动150个人居环境整治示范村建设,改造农村危房6102户,提升改造乡村公路522千米。河北省积极调整农业经济发展模式,粮食总产量增至2018年的740.2亿斤,乳制品产量继续名列全国第一。农村土地确权、集体产权资产清查、人居环境整治工作有条不紊。同时,河北省印发《河北省乡村振兴战略规划(2018—2022年)》,共计部署105项重大工程、重大行动和重大计划,以期全力助推乡村振兴战略提质增速。

第二,京津冀协力脱贫攻坚,对口帮扶工作进展良好。自2016年起,京津两地积极对接河北脱贫攻坚工作,相继在张家口、承德、保定3市的21个区县开展极具针对性的对口帮扶工作,超过200家京津企业赴受援区县进行产业扶贫对接。北京与河北签订《全面深化京冀扶贫协作三年行动框架协议》,并在2018—2020年对口帮扶张家口、承德、保定3市的23

个区县，扶贫协作基金达26.21亿元。天津出台《天津市高质量推进2019年扶贫协作和支援合作全力打赢脱贫攻坚战的实施意见》，与承德5区县达成对口帮扶协议，计划每年提供帮扶资金2亿元。2019年，河北脱贫攻坚工作精准发力，加大资金支持力度，印发《河北产业扶贫2019年工作要点》，深入实施"十百千"示范工程，实施特色产业扶贫项目5.3万个、就业扶贫项目8562个。截至2019年年底，河北剩余贫困人口为3.4万人，贫困发生率降至0.07%，62个贫困县摘帽脱贫，7746个贫困村出列，"十三五"规划中30.2万人易地扶贫搬迁任务提前完成①。

（执笔人：周麟、崔志新）

---

① 参见2020年河北省政府工作报告。

二 京津冀协同发展指数的评价指标体系

在中国社会科学院京津冀协同发展指数课题组2018年发布的《京津冀协同发展指数报告（2017）》基础上，本报告综合考虑了京津冀三地的实际情况，分别构建了京津冀协同发展指数和省域综合发展指数，旨在对京津冀区域和京津冀三地进行跟踪"体检"，以分析京津冀协同发展是否取得阶段性成效。

（一）指标体系的构建原则

为了准确、直观反映京津冀区域协同发展水平及其变化，坚持以创新、协调、绿色、开放、共享五大理念为指导思想和分析视角，透过五大理念看京津冀协同发展的本质内涵及进展情况。同时，在构建京津冀协同发展指数过程中，坚持以下基本原则。

1. 坚持前瞻性原则

充分发挥指标对京津冀协同发展的跟踪监测作用，从中发现京津冀区域一些趋势性、苗头性的问题，主要矛盾变化，政策实施效果等，以便于及时对当前政策实施的阶段性成效进行反馈。此外，指数结果可以为各级政府下一步调整相关政策提供参考依据。

2. 坚持问题导向性原则

评价指标体系设计综合考虑了京津冀区域现阶段存在的突出问题，并着眼于问题的要害之处，适当选择问题的靶向性指标，以便于发挥其对反映突出问题的"风向标"作用。

3. 坚持可操作性原则

在选取指标和方法时，注重代表性和可得性相结合，充分考虑指标背后的真实含义和数据采集难易程度，同时选择可行、实用的测算方法，确保指数结果能比较准确地反映京津冀区域发展的现实，又能经得住推敲。

4. 坚持整体监测与局部监测相结合的原则

本报告坚持整体与局部相结合的原则，统筹考虑到不同行政区域，采取"1+3"形式设计评价指标体系。"1"是指区域层面的指标体系，强调整体的协同发展；"3"是指京津冀三地省级层面的发展指标体系，反映京津冀三地在创新发展、协调发展、绿色发展、开放发展和共享发展五个方面的综合水平。

（二）指标体系的研究设计

由于这是跟踪评价研究，本报告仍沿用《京津冀协同发展指数报告（2016）》中的京津冀协同发展指数评价指标体系，该指标体系的构建主要包括设计指标体系、确定指标权重和选择测算方法3个环节。在指标体系设计过程中，本报告将京津冀作为一个整体区域进行评价，将创新、协调、绿色、开放和共享五个协同发展指数合成一个综合的区域协同发展指数。由于京津冀三地的发展并不均衡，为全面、深入比较三地的发展差异情况，把握三地发展实际情况，从五大理念出发，特地构建了一个适宜衡量京津冀三地发展的评价指标体系。这个"1+3"指数评价指标体系既可以考察京津冀协同发展战略实施的阶段成效，又可以测度京津冀三地的综合发展水平。

这两个指标体系既紧密联系，又有各自的侧重点。

京津冀协同发展指数侧重于衡量"协同发展"的阶段效果，而省域综合发展指数侧重于京津冀三地自身及其内部的发展情况。

在京津冀协同发展指数的评价指标体系构建中，本报告按照五大发展理念进行构思，将创新发展、协调发展、绿色发展、开放发展、共享发展作为5个一级指标。在每个一级指标下设5个二级指标，每个二级指标对应1个三级指标，共计25个三级指标，其中，许多三级指标是基于"协同发展"考虑而选取的（经讨论筛选后选取得到相应的三级指标）（见表2-1）。省域综合发展指数评价指标体系同样包含5个一级指标，但二级指标的选择则综合考虑了各地的实际情况及数据的可得性等因素，不再一味追求每个一级指标所对应的二级指标数量相等（见表2-2）。

表2-1　　　　京津冀协同发展评价指标体系设定

理念层	目标层	指标层	指标类型
创新发展	创新投入	研发支出占GDP比重的地区差异（泰尔指数）	-
	创新协作	北京对天津、河北的技术交易额占北京面向京外技术交易总额的比重：%	+
	结构优化	高技术产业总产值占规模以上工业总产值的比重：%	+
	创新效率	专利授权量与研发投入经费之比：件/亿元	+
	大众创业	新设立企业数占当年企业总数的比重：%	+

续表

理念层	目标层	指标层	指标类型
协调发展	地区差距	人均GDP的地区差距（泰尔指数）	−
	城乡差距	城乡居民收入差距	−
	城市规模	城市规模分布指数①	−
	地区分工	同行业产业结构差异化指数②	+
	产出强度	单位建成区面积创造的非农产业增加值	+
绿色发展	能源消耗	单位GDP的能源消耗量：吨/万元	−
	碳排放	单位GDP的CO_2排放量：吨/万元	−
	大气治理	PM2.5年平均浓度③：微克/立方米	−
	资源利用	单位工业增加值耗水量：立方米/元	−
	生态建设	人均城市公共绿地面积：公顷/万人	+
开放发展	贸易开放	进出口额与GDP之比	+
	资本开放	国际资本流动额（实际利用外资额与对外投资额之和）与固定资产投资额之比	+
	交通一体化	高速公路和铁路的路网密度：千米/万平方千米	+
	市场一体化	工业品出厂价格指数波动的一致性④	−
	区域贸易流	区域间铁路货物交流量	+
共享发展	收入差距	居民收入差距（泰尔指数）	−
	公共服务差距	人均一般公共预算财政支出的地区差距（泰尔指数）	−

---

① 利用京津冀区域城市规模（人口规模）排名前两位城市的人口规模与排名前五位城市的人口规模进行比较。

② 选取京津冀三地食品制造业，化学原材料及化学制品制造业，医药制造业，黑色金属冶炼及压延加工业，金属制品业，交通运输设备制造业，通信设备、计算机及其他电子设备制造业七大行业的工业总产值测算克鲁格曼指数，并以北京、天津为参照系。

③ 2013年前为PM10浓度数据，2013年及之后为PM2.5浓度数据。

④ 这里利用生活资料类产品的生产者出厂价格指数数据测算，以避免受生产类资料产品价格大幅波动的影响。

续表

理念层	目标层	指标层	指标类型
共享发展	教育公平	每10万人口高等教育在校生数的地区差距（变异系数）	-
	精准扶贫	贫困人口①占地区总人口比重：%	-
	就业机会	城镇就业人员占劳动年龄人口比重：%	+

注：此为京津冀协同发展指数评价指标体系，省域的综合发展指数评价指标体系的二级指标设定略有不同。

表2-2　　　　京津冀省域综合发展指数评价指标体系

理念层	目标层	指标层	指标类型
创新发展	创新投入	研发支出占GDP的比重：%	+
	创新人才	万人拥有专业技术人员数量：人/万人	+
	结构优化	高技术产业总产值占规模以上工业总产值比重：%	+
	创新效率	专利授权量与研发技术经费之比：件/亿元	+
	大众创业	新设立企业数占当年企业总数的比重：%	+
协调发展	地区差距	人均GDP的地区差距（泰尔指数）	-
	城乡差距	城乡居民人均可支配收入比	-
	公共服务差距	人均一般公共预算财政支出的地区差距（泰尔指数）	-
绿色发展	能源消耗	单位GDP的能源消耗量：吨/万元	
	碳排放	单位GDP的CO_2排放量：吨/万元	
	大气治理	PM2.5年平均浓度：微克/立方米	
	资源利用	单位工业增加值耗水量：立方米/元	
	生态建设	人均城市公共绿地面积：公顷/万人	+

① 这里的"贫困人口"是指城镇与农村的低保户人口。

续表

理念层	目标层	指标层	指标类型
开放发展	贸易开放	进出口额与GDP之比	+
	境外投资	国际资本流动量/固定资产投资额	+
	人口流动	省域外来人口与总人口之比	+
	入境旅游	入境旅游人数与国内外游客接待量之比	+
共享发展	收入差距	居民收入差距（泰尔指数）	−
	教育公平	每10万人口高等教育在校生数：人	+
	精准扶贫	贫困人口占地区总人口比重:%	−
	就业机会	城镇就业人员占劳动年龄人口比重:%	+

注：表中的"贫困人口"同样指城镇和农村低保户人口。

1. 创新发展指标

在新旧动能转换过程中，"大众创业、万众创新"是国家当前力推的一项重要工作。因此，为了反映京津冀协同创新发展的基本情况，本报告在指标体系中设立了创新投入、创新协作、结构优化、创新效率和大众创业5个目标层。具体到各个目标层是：（1）选取研发支出占GDP比重的地区差异作为衡量创新投入的指标；（2）用北京对天津、河北的技术交易额占北京面向京外技术交易总额的比重作为衡量创新协作的指标；（3）利用高技术产业总产值占规模以上工业总产值的比重来衡量京津冀区域的结构优化情况；（4）通过专利授权量与研发投入经费之比反映区域的创新效率；（5）为了测度京津冀大众创业状况，本报告选取了新设立企业数占当年企业总数的比重作为衡量标准。

同样，省域创新发展指标也包括了5个二级指标，但在选取二级指标时，使用"创新人才"替换了"创新协作"，选取了万人拥有专业技术人员数量这一指标，以强调省级层面的创新发展能力。

2. 协调发展指标

京津冀协同发展面临三个突出问题：一是区域差距较大；二是城乡差距大，河北城镇化水平不高；三是城市规模分布不合理。本报告吸收了国家"十三五"规划纲要的有关精神，结合京津冀实际，设计了地区差距、城乡差距、城市规模、地区分工和产出强度5个目标层。具体而言，主要包括：（1）通过泰尔指数测度地区人均GDP差距来代表地区差距，以反映区域协调程度；（2）选取城乡居民收入差距反映城乡协调程度（对京津冀区域的城镇与农村人口作权重计算区域总体的城镇与农村居民人均可支配收入）；（3）利用城市规模分布指数［利用京津冀三地城市规模（人口规模）排名前两位城市的人口规模与前五位城市的人口规模进行比较］测度城市规模的集中和分散程度；（4）通过同行业产业结构差异化指数反映地区分工协调程度（这里忽略地方资源禀赋的影响，选取了食品制造业，化学原料及化学制品制造业，医药制造业，黑色金属冶炼及压延加工业，金属制品业，交通运输设备制造业，通信设备、计算机及其他电子设备制造业七大行业的工业总产值计算克鲁格曼分工指数，并以北京、天津为参照系）；（5）通过单位建成区面积创造的非农产业增加值来衡量京津冀产出强度情况。

在省域协调发展指标中，剔除了上述反映京津冀三地产业发展分工与协作的指标和城市规模分布的指标，保留了地区差距和城乡差距指标，又引入了一个公共服务差距指标。与协同发展指数不同的是，这里的地区差距是指河北地级市层面差距或京津县区层面差距。在指数具体设计过程中：（1）使用人均 GDP 的地区差距（泰尔指数）来反映省域内的地区差距；（2）利用城乡居民人均可支配收入比衡量城乡差距；（3）利用人均一般公共预算财政支出的地区差距（泰尔指数）反映地区公共服务差距。

3. 绿色发展指标

京津冀地区资源环境压力大，问题相当突出，对绿色发展的要求非常迫切。从某种意义上讲，绿色发展对京津冀居民而言是迫切需要改善的民生工程。本报告设计了能源消耗、碳排放、大气治理、资源利用和生态建设 5 个目标层。具体而言，主要包括：（1）用单位 GDP 的能源消耗量来衡量能源消耗；（2）利用单位 GDP 的

CO_2 排放量来衡量碳排放情况；(3) 大气治理主要是利用 PM2.5 年平均浓度来衡量（2013 年以前则以 PM10 替代）；(4) 资源利用选取了单位工业增加值耗水量进行衡量；(5) 用人均城市公共绿地面积衡量生态建设。

同样，省域绿色发展指标参照了上述 5 个二级指标进行选取。

4. 开放发展指标

在设计开放发展目标层时，本报告考虑到数据的可得性，侧重于从贸易开放、资本开放、交通一体化、市场一体化和区域贸易流这 5 个方面来全面衡量京津冀地区对内对外开放程度。具体是：(1) 用进出口额与 GDP 之比来衡量贸易开放程度；(2) 资本开放这一指标因数据可得性问题有所调整，跟踪研究改用实际利用外资额与固定资产投资额之比（之前使用实际利用外资额与对外投资额之和与固定资产投资额之比）衡量资本开放情况；(3) 利用高速公路和铁路的路网密度来反映京津冀交通一体化情况；(4) 京津冀市场一体化则使用工业品出厂价格指数波动的一致性来衡量；(5) 区域贸易流反映的是区域内贸易往来情况，使用区域间铁路货物交流量来衡量。

省域开放发展指标共有 4 个二级指标，保留了反映对外开放程度的"贸易开放"指标，另外新设了 3

个指标：境外投资、人口流动和入境旅游。其中，（1）使用进出口额与GDP之比来反映贸易开放情况；（2）使用国际资本流动量与全社会固定资产投资额之比来反映境外投资情况；（3）利用省域外来人口（净迁入人口）与总人口之比来反映人口流动情况；（4）通过入境旅游人数与国内外游客接待量之比来衡量入境旅游情况。

5. 共享发展指标

京津冀协同发展的目标之一就是实现发展成果共享。在目标层选取时，本报告综合考虑了共享发展的内涵、地区实际、数据可得性等因素，设计了收入差距、公共服务差距、教育公平、精准扶贫和就业机会5个目标层。其中：（1）收入差距主要是三地居民收入的差距，利用泰尔指数方法进行测度；（2）公共服务差距的测度是利用人均一般公共预算财政支出的地区差距（泰尔指数）来反映；（3）本报告用教育公平代表"机会公平"，选择每10万人口高等教育在校生数的地区差距（变异系数）进行衡量；（4）精准扶贫是京津冀全面建成小康社会的重点任务，选择低保户人口占地区总人口的比重进行衡量；（5）为了反映京津冀区域内的就业机会，这里使用城镇就业人员占劳动年龄人口（15—64岁的人口）的比重进行衡量（之前使用"社会从业人员")。

省域共享发展指标共有 4 个二级指标,剔除了区域层面的公共服务差距,其他指标设定情况与上面保持一致。

(三) 指标体系的测算方法

区域指标体系是以 2005 年京津冀的指标值为基数,通过时序变化观察创新、协调、绿色、开放和共享五方面的发展指标值和综合指标值的变动趋势。

1. 权重确定

在新时代的背景下,中国经济从中高速增长转向高质量发展。为了体现这一时代新趋势,本研究将按照新发展理念要求,对创新发展、协调发展、绿色发展、开放发展和共享发展五个方面赋予均等的权重。通过设定均等权重的方法将经过标准化后的三级指标值加总得到二级指标值,进而得到 5 个一级发展指标值及最终的综合指标值。此外,对于指标体系中的人均地区生产总值地区差距、居民收入差距、人均公共财政支出等指标,本报告利用各地地区生产总值指数(以 2005 年为基期)进行平减。在加总三地数据时,除了考虑剔除物价影响之外,还利用各地 GDP 占比或人口占比作为权重进行调整,从而加总求得京津冀区域的总和指标值。

2. 标准化处理

为了保证各个指标层的可加性,首先对各个指标值进行标准化去量纲处理。

(1) 京津冀协同发展指数的评价指标主要是看整个区域的纵向变化趋势,为此,综合比较了几种方法后,决定以2005年数值(为1)为基期做标准化处理。

处理方法如下:y_t 为某指标的测算值,y_{2005} 为某指标2005年的测算值,p_t 为标准化后的指标值。

正向指标标准化处理:

$$p_t = \frac{y_t}{y_{2005}}$$

逆向指标标准化处理:

$$p_t = \frac{1}{y_t / y_{2005}}$$

其中,$t = 2005, \cdots, 2018$。

(2) 为方便对京津冀三地最终测算结果进行横向比较,本报告选取另一种正向和逆向指标标准化的处理方法。

处理方法如下:y_{it} 为三地某指标的测算值,y_{min} 为三地某指标各年份中出现的最小值,y_{max} 为三地某指标各年份中出现的最大值，p_{it}为标准化后的指标值（$i = 1, 2, 3$，分别代表北京、天津和河北）。

这样标准化处理的好处在于，既便于实现地区发展指标的纵向比较，也有利于对省域三地相同指标进行横向对比。

$$p_{it} = \frac{(y_{it} - y_{\min})}{(y_{\max} - y_{it})}$$

其中，$t = 2005, \cdots, 2018$；$i = 1, 2, 3$。

3. 指数合成

这里使用指数加权法进行综合评价得出各级指标的指数值。

指数加权分析法的基本公式为：

$$综合指数\ S = \sum p_i \times w_i \times 100$$

其中，p_i是经过无量纲化处理后得到的测评值，该值乘以相应的权重w_i可得到一个分指标的分值，w_i为第i个分指标的权重值，分别计算出各项分指标的分值后再进行加总就得到各级指标的综合指数。

（四）指标测算的数据说明

以上两个指数测算所使用数据均为国家和京津冀三地统计局或职能部门公开发布的权威数据（见表

2-3),数据涵盖2005—2017年。主要数据来源为历年《中国统计年鉴》《中国科技统计年鉴》《中国环境统计年鉴》《中国劳动统计年鉴》《中国商务年鉴》《中国教育统计年鉴》《中国基本单位统计年鉴》《北京统计年鉴》《天津统计年鉴》《河北经济年鉴》,以及国家统计局、民政部、海关、商务部等官方发布的统计公报及其他相关数据。

按照国家统计局部署,2016年开始实施地区研发支出核算方法改革,将研发支出未计入地区生产总值部分进行补充核算,对1996—2015年地区生产总值进行了调整。为此,跟踪研究对三地地区生产总值数据及涉及地区生产总值数据的相关指标均进行了数据更新,如调整了研发与试验发展(R&D)经费支出占三地地区生产总值比重、万元GDP能耗等指标。

表2-3　　　　　　　　数据来源一览

数据来源	《中国科技统计年鉴》《中国统计年鉴》(国家统计局网站) 《北京统计年鉴》《北京区域统计年鉴》《天津统计年鉴》《河北经济年鉴》 京津冀三地国民经济和社会发展统计公报 《中国劳动统计年鉴》《中国创业风险投资发展报告》《中国商务年鉴》 《中国基本单位统计年鉴》《中国环境统计年鉴》、环保部网站公布的各地区环境状况公报 《中国教育统计年鉴》、全国教育经费执行情况统计公告(教育部财政司网站) 《中国出境旅游发展年度报告》、河北旅游政务网 《中国对外直接投资统计公报》 《中国农村贫困监测报告》(民政部官方网站)

在具体使用过程中，依然根据计算需要对数据进行平减、加权；另外，在个别指标缺失部分年份数据的情况下，根据年平均增长率或用相邻年份指标的平均值补齐（具体方法依数据变动规律而定）。

（执笔人：王宁）

三 京津冀协同发展指数的结果分析

由于部分指标数据变化调整,创新发展协同、协调发展协同、绿色发展协同、开放发展协同、共享发展协同五大指标,以及最终合成的京津冀协同发展指数的具体数值与2017年发布的报告相比有不同程度的变化,但京津冀协同发展指数的总体趋势并没有受数据调整的影响。

(一) 京津冀协同发展指数总体趋势

京津冀协同发展指数总体呈现上升趋势。经计算发现,2018年京津冀协同发展指数值为162.9,较2005年提高了62.9个点,平均每年提高了4.8个点,其中2018年增速明显,较上一年提高了8.0个点(见图3-1)。虽然,京津冀协同发展指数在个别年份略有起伏，但总体呈现缓步上升趋势。从数据变化趋势来看，2013—2018年的增幅明显相对较快，平均每年提高了6.1个点，较2005—2013年平均提高了2.1个点，反映出京津冀协同发展战略实施有效推动了区域协同发展水平。

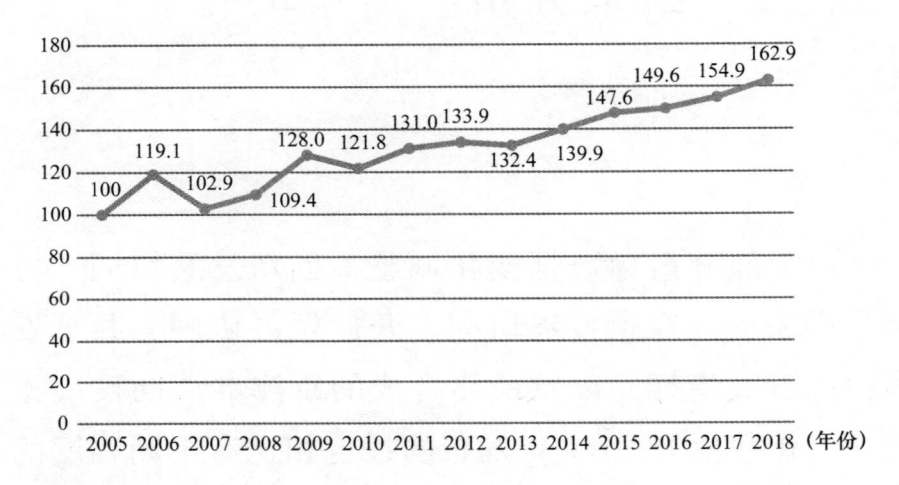

图3-1 京津冀协同发展综合指数变化趋势

京津冀五大发展协同指数2018年呈现"四升一降"趋势，其中创新发展、绿色发展、开放发展、共享发展4个指标呈上升的趋势，分别提高了3.9个点、17.1个点、4.9个点和15.1个点；而协调发展指标呈增长放缓趋势，约下降了0.9个点。从测算结果来看，2018年，创新发展协同指数值为146.3，较2005年提高了46.3个点，平均每年提高了3.6个点；协调发展协同指数值为180.8，较2005年提高了80.8个点，平均每年提高了6.2个点；绿色发展协同指数值为

227.1，较 2005 年提高了 127.1 个点，平均每年提高了 9.8 个点；共享发展协同指数值为 160.4，较 2005 年提高了 60.4 个点，平均每年提高了 4.6 个点；而开放发展协同指数值为 100.0，与 2005 年持平，其中，2005—2013 年平均每年下降了 0.8 个点，而 2013—2018 年平均每年提高了 1.3 个点。从五大发展协同指数的变化趋势来看，绿色发展协同指数和协调发展协同指数增长较快，是推动京津冀协同发展指数增长的主要力量，共享发展协同指数和创新发展协同指数次之，而开放发展协同指数对京津冀协同发展指数拉动作用不明显，且略有下降趋势。

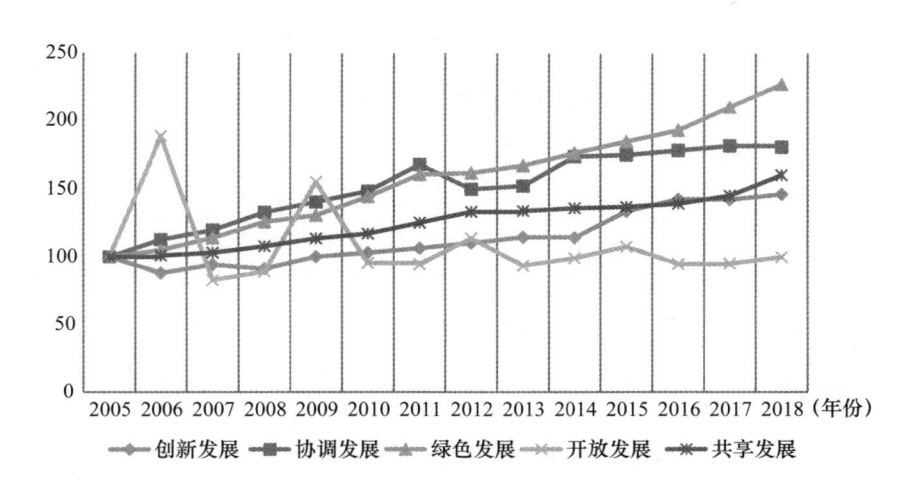

图 3-2 京津冀五大发展协同指数变化趋势

（二）京津冀创新发展协同指数

京津冀创新发展协同指数自 2005 年以来总体呈现

上升的态势，尤其是2014年开始增速明显，2013—2018年京津冀创新发展协同指数值平均提高了6.3个点，较2005—2013年平均提高了4.5个点（见图3-3）。

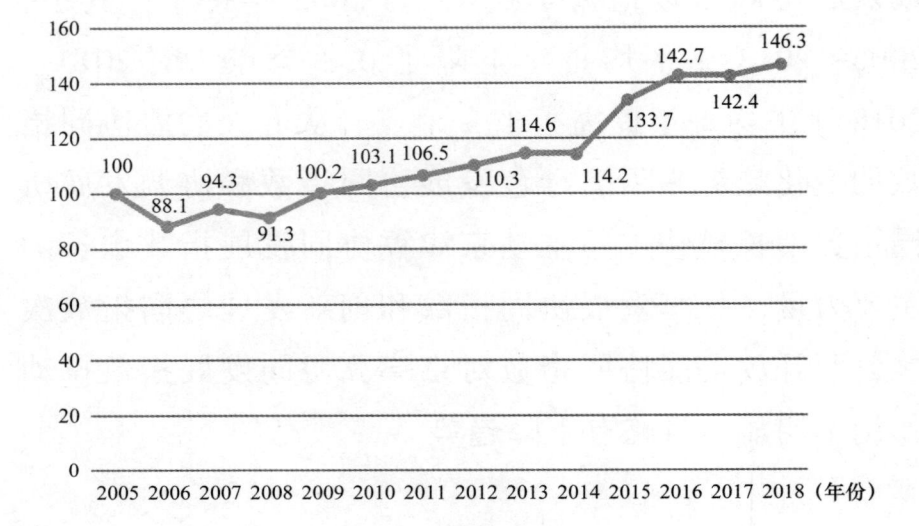

图3-3 京津冀创新发展协同指数变化趋势

我们进一步发现，反映区域创新发展的五个指标在2018年呈现"两降三升"的变化态势。其中，创新投入、创新协作两个指标呈现下降趋势，2018年两个指标的指数值较上年均下降3.1个点；结构优化、创新效率和大众创业三个指标呈现上升趋势，2018年三个指标的指数值较上年分别提高4.1个点、19.3个点和2.3个点。

测算结果显示，创新效率、创新投入和大众创业这三个指标是共同推动京津冀创新发展协同指数增长的主要力量。2018年，创新效率、创新投入和大众创业这三个指标的指数值分别为245.4、201.9和172.9，较2005年分别提高了145.4个点、101.9个点和72.9个点，平均每年分别提高了11.2个点、7.8个点和5.6个点。2018年创新投入和创新协作这两个指标的指数值较上一年均略有下降（见图3-4）。结构优化、创新协作这两个指标对京津冀创新发展协同指数的推动作用不明显，且这两个指标对京津冀创新发展协同指数的增长呈反向减缓作用，但是这两个指标的指数值自2014年以来呈现增长趋势，对总指数的减缓作用逐渐降低。结果显示，2018年，结构优化和创新协作这两个指标的指数值分别为91.8和19.5，较2005年分别下降8.2个点和80.5个点，平均每年分别下降0.6个点和6.2个点；其中2013—2017年，结构优化和创新协作这两个指标的指数值呈现增长趋势，较2005—2013年分别提高了7.0个点和12.7个点。

经分析发现，从创新投入指标来看，尽管京津冀地区创新资源丰富，但高校、科研院所及企业研发机构等这些创新力量及资源主要集中分布在北京范围内，且三地之间的创新资源差距较为明显，尤其是地区间创新投入差距比较大。如，2018年，京津冀三地研发支出占地区生产总值比重分别为6.17%、2.62%和1.39%，其中，天津、河北两地与北京分别相差3.55

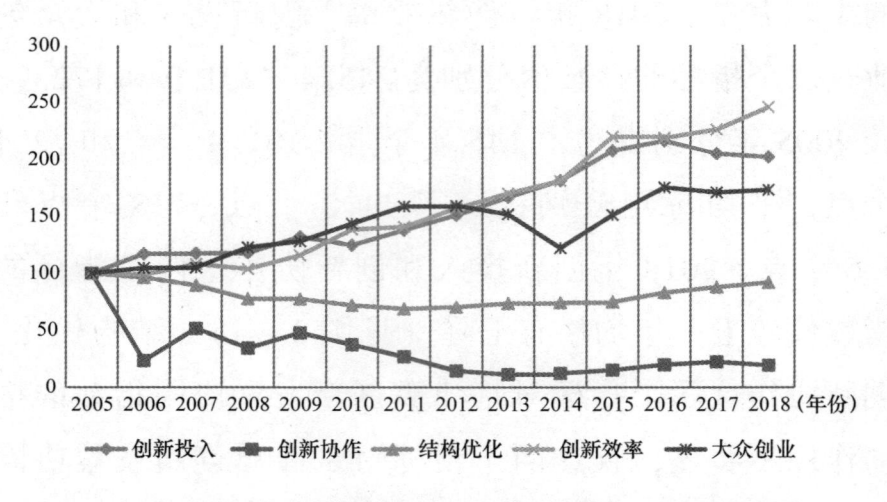

图 3-4　京津冀创新发展协同指数目标层指标变化趋势

个百分点和 4.78 个百分点，而 2013 年两地与北京分别相差 2.91 个百分点和 4.84 个百分点，尽管三地之间差距仍较大，但 2018 年这种差距扩大趋势有所放缓。从京津冀创新协作指标来看，2018 年，北京输入到津冀的技术总额为 227.4 亿元，占输入到省外技术总额的比重为 7.54%，较 2005 年下降了 31.1 个百分点，但较 2013 年增长了 3.14 个百分点；京冀企业到津投资到位资金达 1233.9 亿元，占天津全市实际利用内资的 46.4%，较 2014 年增长了 4.9 个百分点；2014—2018 年，河北共引进京津资金约 1.8 万亿元。可见，自 2014 年京津冀协同发展战略实施以来，三地之间的技术市场交易活跃力度不断加大，创新协作活动明显增加。从结构优化指标来看，2018 年，京津冀三次产业结构之比为 4.3∶34.4∶61.3，其中第三产业比重较 2013 年提高了 9.5 个百分点。从创新效率指标来看，京津冀地区创新效率明显提升，2017 年，京津冀专利授权量与研发投入经费之比为 80.2%，较 2013 年提高了 24.7 个百分点。

（三）京津冀协调发展协同指数

京津冀协调发展协同指数值在 2012 年出现拐点且呈现明显下降的趋势，较上年下降了 18.1 个点，而 2013 年以后则再次呈现稳步上升的趋势，2013—2018 年京津冀协调发展协同指数值平均每年提高 5.7 个点（见图 3-5）。

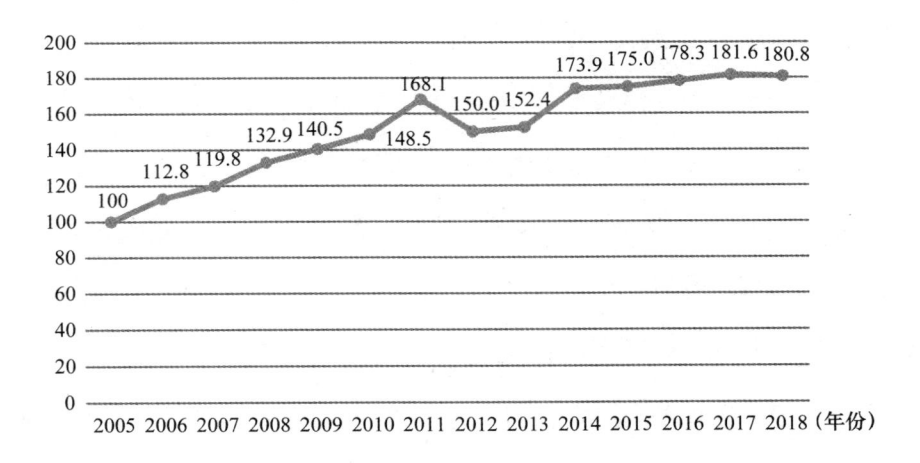

图 3-5　京津冀协调发展协同指数变化趋势

我们进一步发现，反映区域协调发展的五个指标在 2018 年呈现"两降三升"的变化态势，其中，地区差距和城市规模两个指标的指数值较上年分别降低了 19.6 个点和 2.7 个点，而城乡差距、地区分工、产出强度三个指标的指数值较上年分别提高了 1.4 个点、5.1 个点和 11.3 个点。

测算结果显示，地区分工、产出强度这两个指标是共同推动京津冀协调发展协同指数增长的主要力量。2018 年，地区分工、产出强度这两个指标的指数值分别为 323.3 和 269.9，较 2005 年分别提高了 223.3 个点和 169.9 个点，平均每年分别提高了 17.2 个点和 13.1 个点。其中，地区分工这个指标的指数值呈现波动性上升趋势，尤其是 2013 年以后增速明显，2013—2018 年地区分工指数值增长了 149.4 个点，平均每年提高了 29.9 个点。地区差距指标的指数值呈现先上升后下降的趋势，2018 年指数值为 107.8，较 2005 年提高了 7.8 个点，平均每年提高了 0.6 个点。其中，2005—2013 年平均每年提高了 5.8 个点，而 2013—2017 年平均每年下降了 7.7 个点。城乡差距指标的指数值呈现先下降后上升的趋势，2018 年指数值为 115.2，较 2013 年提高了 7.4 个点，平均每年提高了 1.5 个点，较 2005—2013 年平均提高了 0.5 个点。城市规模指标的指数值呈现下降的趋势，2018 年指数值为 87.6，较 2005 年下降了 12.4 个点，平均每年下降

1.0 个点，其中 2016 年和 2017 年两年均有所提高，分别提高了 0.1 个点和 0.2 个点（见图 3-6）。

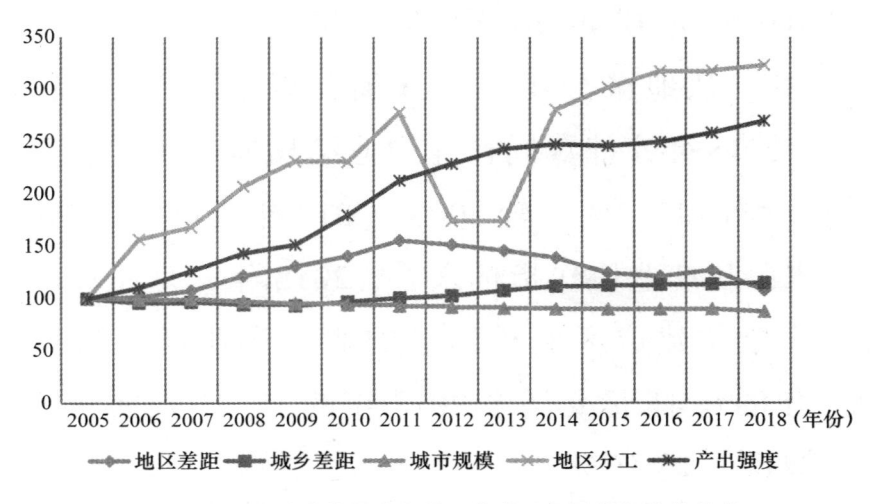

图 3-6 京津冀协调发展协同指数目标层指标变化趋势

经分析发现，从地区差距指标来看，京津冀地区人均 GDP 水平稳步提升，但三地之间的人均 GDP 水平差距仍然较大，尤其是河北与京津两地的差距较大。按常住人口计算，2018 年，京津冀三地人均 GDP 分别为 14.08 万元、12.06 万元和 4.77 万元，其中，京津两地分别约为河北的 3.0 倍和 2.5 倍。泰尔指数计算结果显示，京津冀人均 GDP 的地区差距表现为从 2005 年的 0.0404 下降到 2011 年的 0.0259，而后增长至 2018 年的 0.0374，其中，2011—2018 年增长了 44.46%。从城乡差距指标来看，京津冀城乡居民人均可支配收入比从 2005 年的 3.22 倍降至 2018 年的 2.79 倍，可见，京津冀的城乡收入差距在逐渐缩小。从城市规模指标来看,总体上京津冀城市规模在不断扩大,但城市之间的差距仍较为明显,城市规模分布指数值从2005年的0.49增至2018年的0.55,增长了14.15%。从地区分工指标来看,以京津为参照系,2013—2018年京津冀同行业产业结构差异化指数值平均每年增长17.2%,较2005—2013年提高了7.96个百分点。从产业协作指标来看,2018年,京津冀产出强度(单位建成区面积创造的非农产业增加值)从2005年的6.41亿元增至2018年的17.31亿元,每年平均增长了13.07%。

(四)京津冀绿色发展协同指数

京津冀绿色发展协同指数自2005年以来总体呈现上升的态势,尤其是2017年和2018年京津冀绿色发展协同指数值连续两年增速较为明显,均较上年提高了17.1个点(见图3-7)。

我们进一步发现,反映区域绿色发展情况的五个指标在2018年呈现全部上升的变化态势。其中,2018年,能源消耗、碳排放、大气治理、资源利用和生态建设五个指标的指数值较上年分别提高了25.5个点、0.3个点、30.7个点、23.7个点和5.6个点。

测算结果显示,能源消耗、大气治理、资源利用

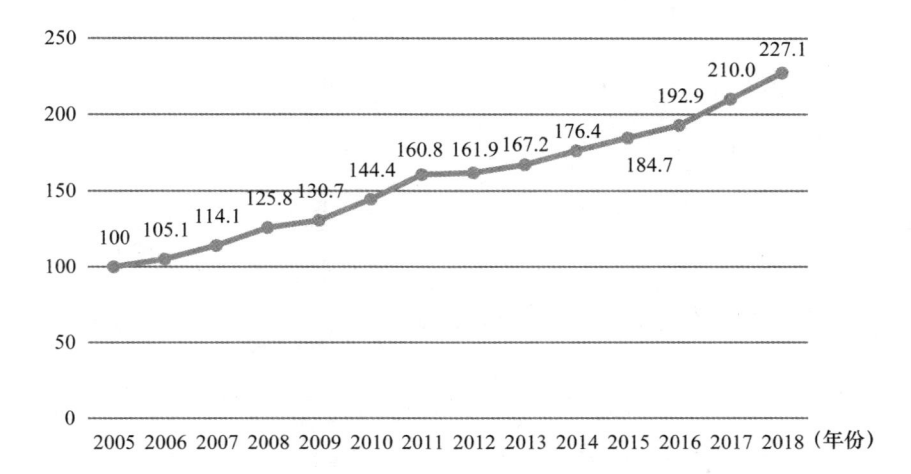

图3-7 京津冀绿色发展协同指数变化趋势

和生态建设这四个指标是共同推动京津冀绿色发展协同指数增长的主要力量。2018年，能源消耗、大气治理、资源利用和生态建设这四个指标的指数值分别为270.7、218.2、395.4和187.8，较2005年分别提高了170.7个点、118.2个点、295.4个点和87.8个点，平均每年分别提高了13.1个点、9.1个点、22.7个点和6.8个点（见图3-8）。然而，碳排放指标对京津冀绿色发展协同指数的推动作用不明显，且这个指标对京津冀绿色发展协同指数的增长呈反向减缓作用。结果显示，2018年碳排放指标的指数值为63.6，较2005年下降了36.4个点，平均每年下降了2.8个点。

经分析发现，从能源消耗指标来看，尽管京津冀地区能源消耗仍呈增长的趋势，但2013年以后这种增

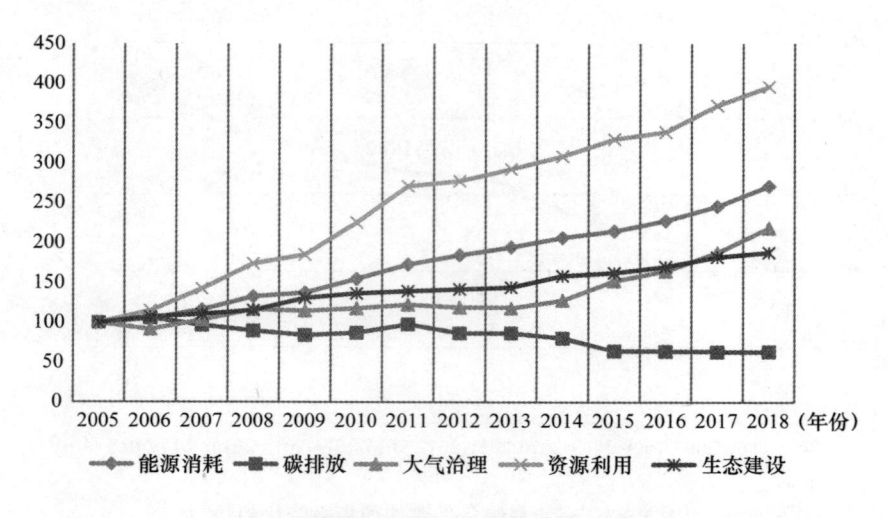

图3-8 京津冀绿色发展协同指数目标层指标变化趋势

长趋势明显放缓。2018年,京津冀单位GDP的能源消耗量为0.50吨标准煤/万元,按不变价计算,较2005年增长了21.7%,年均增长1.5%,其中2013—2017年年均降幅为0.14%,较2005—2013年的增幅下降了2.7个百分点。从大气治理指标来看,细颗粒物(PM2.5)是京津冀区域大气污染的主要来源,2013年以来,京津冀地区PM2.5年均浓度呈快速下降的趋势,空气质量明显改善。根据各省(市)环境状况公报,京津冀区域13个城市PM2.5年均浓度由2013年的106微克/立方米降至2018年的55微克/立方米,下降了47.7%。从资源利用指标来看,京津冀地区生产耗水量呈明显下降的趋势,2018年京津冀单位工业增加值耗水量为0.0011立方米/元,较2005年下降了

74.7%。从生态建设指标来看,京津冀地区高度重视城市生态环境建设,尤其是2014年开始城市生态建设成效尤为明显,2018年京津冀人均城市绿地面积为19.8公顷/万人,较2005年增长了87.8%,其中2013—2017年年均增幅为5.4%,较2005—2013年增幅提高了0.7个百分点。

(五) 京津冀开放发展协同指数

京津冀开放发展协同指数自2005年以来总体呈现波动变化的态势,其中前期震荡幅度较大,而2013年开始这种波动变化态势趋于平缓,且2017年和2018年连续两年呈现略有增长的趋势,这两年京津冀开放发展协同指数值分别为95.1和100,较上一年分别提高了0.3个点和4.9个点(见图3-9)。

进一步发现,反映区域开放发展的五个指标在2018年呈现"三升两降"的变化态势。其中,贸易开放、交通一体化和区域贸易流三个指标呈现上升趋势,2018年三个指标的指数值较上年分别提高7.9个点、11.0个点和11.6个点;而资本开放和市场一体化指标呈现下降趋势,2018年两个指标的指数值较上年分别下降0.8个点和5.3个点。

测算结果显示,交通一体化指标是推动京津冀开

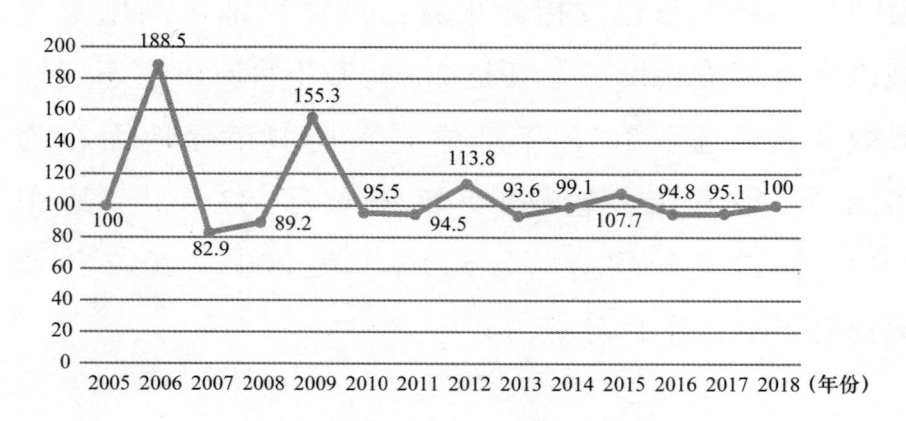

图3-9 京津冀开放发展协同指数变化趋势

放发展协同指数的主要力量，2018年指标的指数值为200.0，较2005年提高了100个点，平均每年提高了7.7个点，其中2013—2018年平均每年提高了6.8个点。市场一体化指标呈波动变化趋势，2013年以后这种波动相对趋向平稳，2018年指标的指数值为101.2，较2005年提高了1.2个点，平均每年提高了0.1个点，其中，2013—2018年平均每年提高了9.0个点。贸易开放、资本开放和区域贸易流这三个指标总体呈下降的趋势，2018年三个指标的指数值分别为60.6、57.6和80.6，较2005年分别下降了39.4个点、42.4个点和19.4个点，平均每年分别下降了3.0个点、3.3个点和1.5个点；其中2013—2018年，贸易开放、资本开放和区域贸易流三个指标平均每年分别下降3.7个点、2.3个点和3.4个点（见图3-10）。

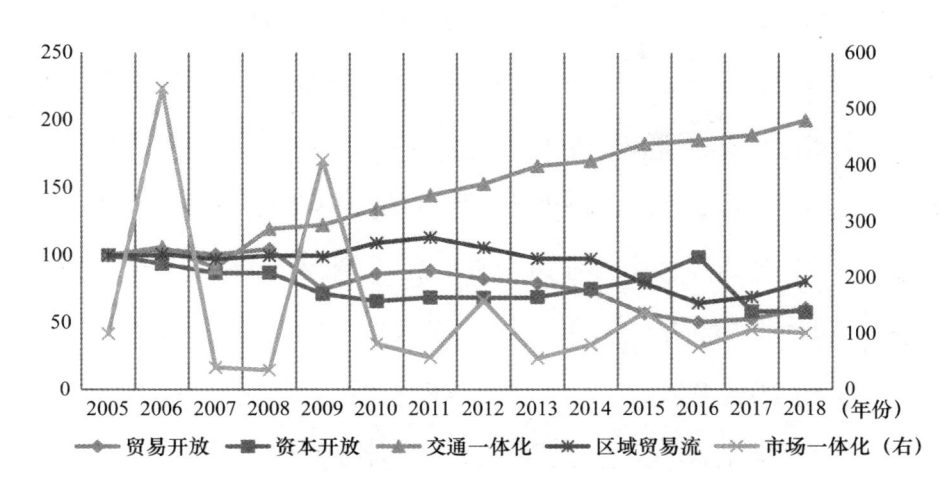

图 3-10 京津冀开放发展协同指数目标层指标变化趋势

注：为了更为直观地反映京津冀开放发展协同指数目标层指标变化趋势，图中将市场一体化指标设为次坐标轴。

经分析发现，从贸易开放指标来看，京津冀地区进出口总体上呈现先增后降再升的波动态势，自 2014 年开始出现下降的趋势，而在 2017 年开始呈现上升的趋势，其货物进出口总额占 GDP 的比重在 2014 年以后也呈先降后升的趋势。2018 年，京津冀地区货物进出口总额为 5888.2 亿美元，占 GDP 的比重为 45.8%，较 2005 年下降了 29.8 个百分点。从资本开放指标来看，京津冀地区国际资本流动额（对外投资额和实际利用外资额之和）呈稳步增长的趋势，但其与固定资产投资额之比呈波动性变化趋势。2018 年京津冀国际资本流动额与固定资产投资额之比为 5.0%，较 2005 年下降了 3.7 个百分点，这表明随着京津冀资本开放程度不断提升，基础配套设施也随之逐步完善。从交通一体化指标来看，京津冀地区交通设施水平不断提高，交通互联互通程度稳步提升，2018年京津冀地区铁路营业里程和高速公路里程分别为9779千米和9557千米，路网密度分别为450.3千米/万平方千米和444.7千米/万平方千米，较2005年分别增长了51.8%和194.8%。从市场一体化指标来看，京津冀地区市场一体化总体上呈现波动变化趋势，但这种波动幅度收窄趋势明显，2018年，京津冀地区工业品出厂价格指数一致性波动值为0.0002，较2005年下降了1.2%，其中2013—2018年下降了44.6%，较2005—2013年下降了122.8个百分点。从区域贸易流指标来看，2005—2018年京津冀区域贸易流有所下降，下降了19.4%，但2017年和2018年连续两年呈现增长的趋势，较上一年分别增长了7.1%和19.6%。

（六）京津冀共享发展协同指数

京津冀共享发展协同指数自2005年以来总体上呈现上升态势，且增速明显，尤其是2018年增速较为显著，2018年京津冀共享发展协同指数值为160.4，较上一年增长了15.1个点（见图3-11）。

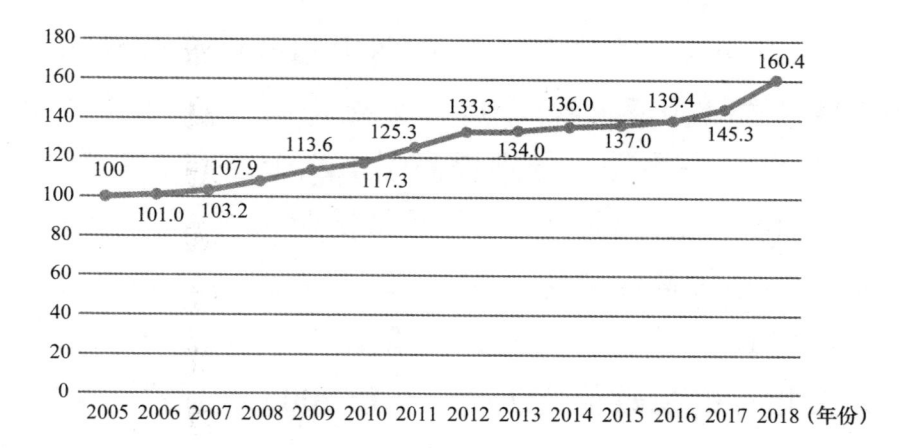

图 3-11　京津冀共享发展协同指数变化趋势

进一步发现，反映区域共享发展的五个指标在2018年呈现全部上升的变化态势。其中，收入差距、公共服务差距、教育公平、精准扶贫和就业机会五个指标的指数值较上年分别提高0.7个点、6.0个点、11.6个点、53.1个点和4.1个点。

测算结果显示，教育公平和精准扶贫两个指标是共同推动京津冀共享发展协同指数增长的主要力量，2018年，这两个指标的指数值分别为174.8和209.6，较2005年分别提高了74.8个点和109.6个点，平均每年分别提高了5.8个点和8.4个点。其中，2013—2018年教育公平和精准扶贫两个指标平均每年分别提高了5.9个点和21.4个点，较2005—2013年平均分别提高了0.3个点和21.1个点。收入差距和就业机会两个指标对京津冀共享发展协同指数也有明显促进作用，尤其是2013年以后这种促进作用越来越显著。2018年，收入差距和就业机会两个指标的指数值分别为124.4和150.7，较2005年分别提高了24.4个点和50.7个点，平均每年分别提高了1.9个点和3.9个点。其中，2013—2018年收入差距和就业机会两个指标平均每年分别提高了2.0个点和2.4个点。公共服务差距指标呈现先升后降再升的变化趋势，2018年公共服务差距指标的指数值为142.6，较2005年提高了42.6个点，平均每年提高了3.3个点。其中2005—2012年平均每年提高了10.8个点，而2012—2017年平均每年下降了7.8个点，2017—2018年提高了6.0个点（见图3-12）。

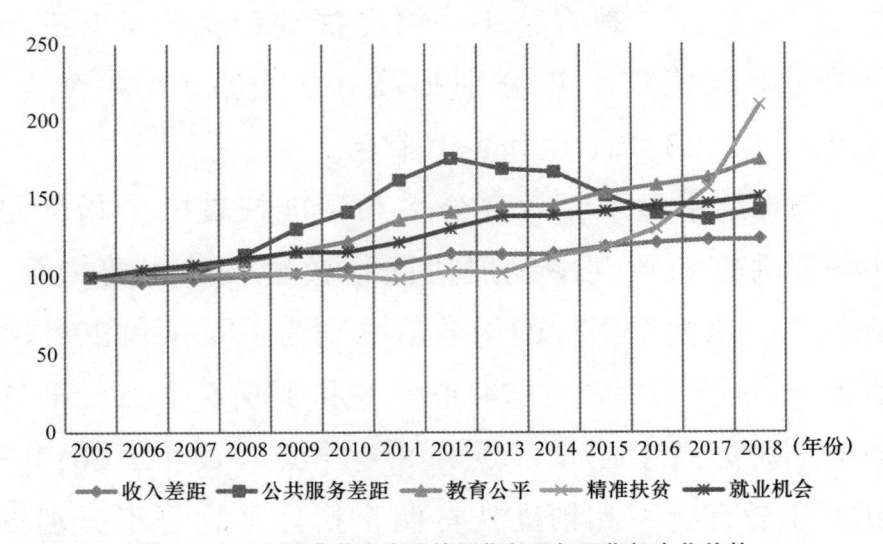

图3-12 京津冀共享发展协同指数目标层指标变化趋势

经分析发现，从收入差距指标来看，京津冀地区的居民收入差距明显缩小,2018年居民收入差距值(泰尔指数)为0.03,较2005年下降了19.6%,年均降幅为1.7%。其中2013—2018年的年均降幅为1.6%,较2005—2013年下降了0.05个百分点。从公共服务差距指标来看,京津冀地区人均公共服务差距总体上呈缩小的变化趋势,但后期差距又有所扩大。2018年人均一般公共预算财政支出的地区差距值为0.05,较2005年下降了29.9%,年均降幅为2.7%。其中,2013年后这种差距开始扩大,2013—2018年指标的年均增幅为3.45%。从教育公平指标来看,京津冀地区教育资源差距逐渐缩小,2018年每10万人口高等教育在校生数的地区差距值为0.36,较2005年下降了42.8%,年均降幅为4.2%。从精准扶贫指标来看,京津冀地区精准扶贫工作取得显著成效,尤其是2013年以后京津冀地区贫困人口规模大大降低,2018年京津冀低保户人数占地区总人口比重为1.5%,较2005年下降了1.7个百分点,其中2013—2018年下降了1.6个百分点。从就业机会指标来看,京津冀地区就业机会有所增加,2018年,京津冀城镇就业人员占劳动年龄人口比重为40.2%,较2005年增长了13.5个百分点,其中,2013—2018年增长了3.2个百分点。

(执笔人:崔志新)

四 京津冀三地发展指数的比较分析

为了更深入地分析京津冀三地的发展，本研究通过省域综合发展指数比较三地的发展情况，从侧面研究京津冀协同发展战略给三地带来的影响，为此下文对三地发展指数的变化进行探讨。

（一）京津冀综合发展指数比较

总体来看，2005—2018年京津冀三地综合发展指数均呈上升的趋势。2018年，京津冀三地综合发展指数值分别为67.4、65.1和43.2，较2005年分别增长了3.9个点、13.2个点和15.5个点，平均每年分别提高了0.3个点、1.0个点和1.2个点。其中，2013—2018年京津冀三地综合发展指数值平均每年分别提高了0.6个点、1.2个点和2.8个点，较2005—2013年平均分别提高了0.4个点、0.3个点和2.6个点。京津冀三地相比，北京的综合发展指数水平最高，天津次之，而河北相对较低。自京津冀协同发展战略实施以来，京津冀三地2013年以后指数值提高幅度相对较大，河北的提高幅度尤为明显。从2018年京津冀三地的综合发展指数值变化情况来看，三地仍延续上升趋势，指数值较上年分别增长0.2个点、1.7个点和3.6个点（见图4-1）。下文将从创新、协调、绿色、开放和共享发展五个方面展开，进行具体分析。

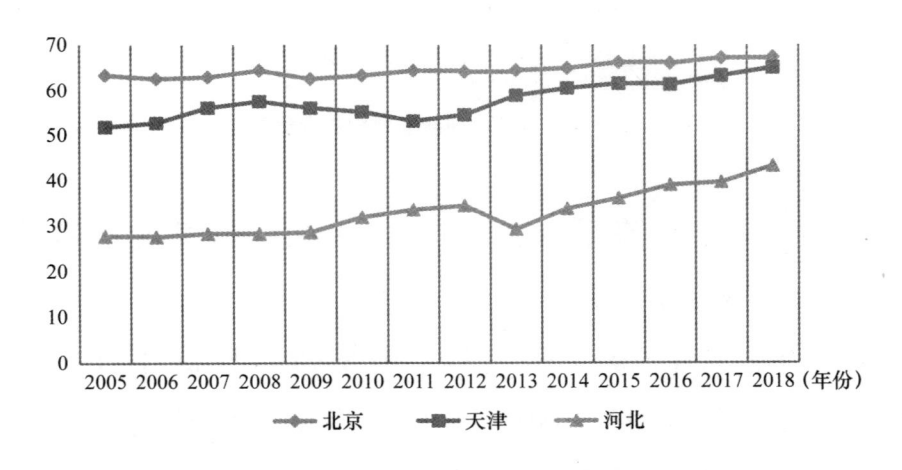

图4-1 京津冀三地综合发展指数变化趋势

（二）京津冀创新发展指数比较

京津冀三地创新发展指数变化趋势不一致，北京创新发展指数增长趋势有所放缓，天津、河北两地创新发展指数呈稳步增长趋势，尤其是2014年以后这种趋势较为明显。总体来看，天津创新发展指数在2015年开始超过北京，河北在2011年开始快速增长，且后期三地之间差距有所减小（见图4-2）。

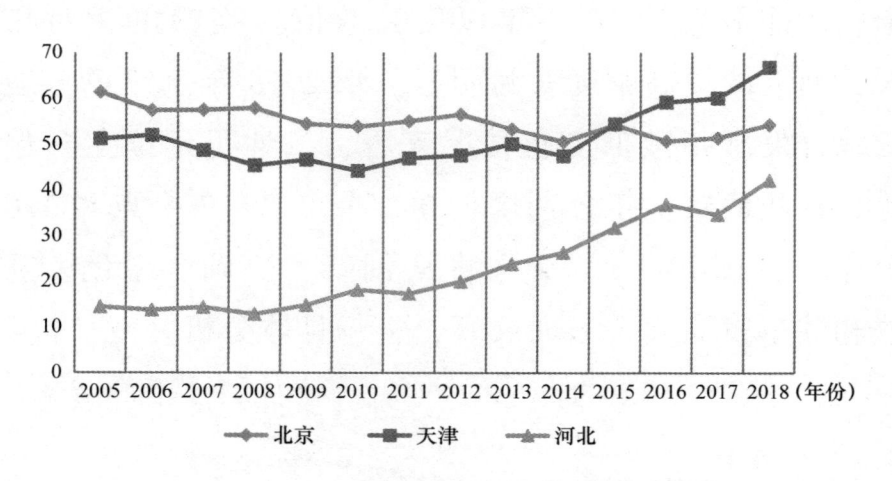

图4-2 京津冀三地创新发展指数变化趋势

从测算结果来看，2018年，北京创新发展指数值为54.2，较2005年下降7.1个点，平均每年下降了0.5个点，其中2013—2018年平均每年提高了0.2个点，与2005—2013年相比，平均降幅有所放缓；天津创新发展指数值为66.7，较2005年增长15.5个点，平均每年提高了1.2个点，其中2013—2018年平均每年提高了3.3个点，较2005—2013年平均提高了3.5个点；河北创新发展指数值为42.1，较2005年增长27.7个点，平均每年提高了2.1个点，其中2013—2018年平均每年提高了3.7个点，较2005—2013年平均提高了2.5个点。从京津冀三地创新发展指数比较结果来看，前期北京创新发展指数较高，天津创新发展指数后期增速强劲，而河北创新发展指数最低，但增速与京津两地相比明显最快。

从创新投入和创新人才两方面来看，京津冀三地不断增加创新投入，提高地区创新人才培育，尽管目前三地之间创新基础的差距仍较大，但这种差距有明显减小趋势（见图4-3和图4-4）。北京创新基础相对较好，在科技资金和人才支持方面拥有明显优势，但天津、河北两地与北京之间的差距在逐渐缩小。本报告用研发支出占GDP的比重、万人拥有专业技术人员数量两个指标反映创新投入和创新人才，具体指标情况如下：2018年，京津冀三地研发支出占GDP的比重分别为6.2%、2.6%和1.4%，天津、河北两地与北京分别相差3.6个百分点和4.8个百分点；按常住人口计算，与北京万人拥有专业技术人员数量相比，天津、河北两地在2010年与其差距最小，而后差距又有所扩大，2018年北京万人拥有专业技术人员数量分别比天津、河北两地多出25.2%和39.6%。

从结构优化和大众创业方面来看，京津冀三地在这两方面变化幅度比较大，尤其是2014年京津冀协同发展战略实施以来，三地产业结构不断调整优化，其中天津、河北两地提高幅度比较显著（见图4-5和图4-6）。本报告中用高技术产业总产值占规模以上工业总产值的比重反映结构优化,用新设立企业数占当年企业总数的比重反映大众创业。2013—2018 年,京津冀三地高技术产业总产值的比重分别提升了 1.8 个百分点、5.1 个百分点和 1.5 个百分点;北京新设立企业数占当年企

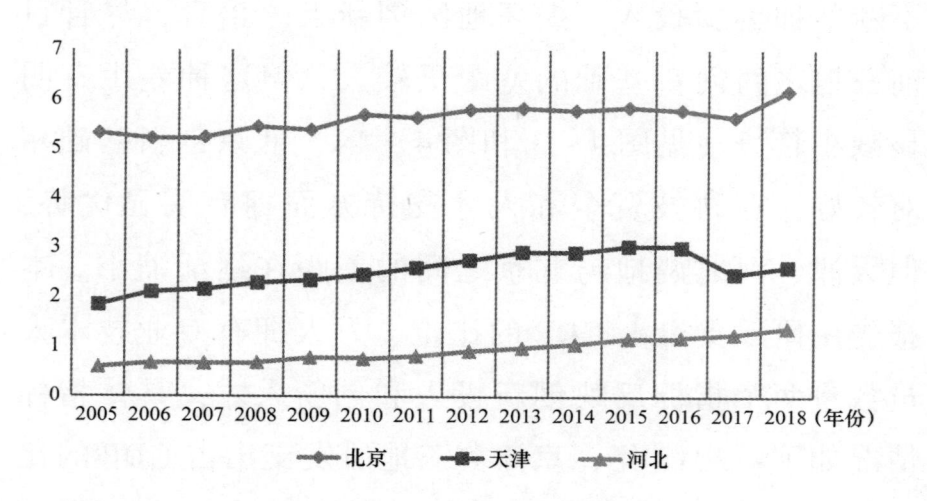

图 4-3　京津冀创新投入变化趋势

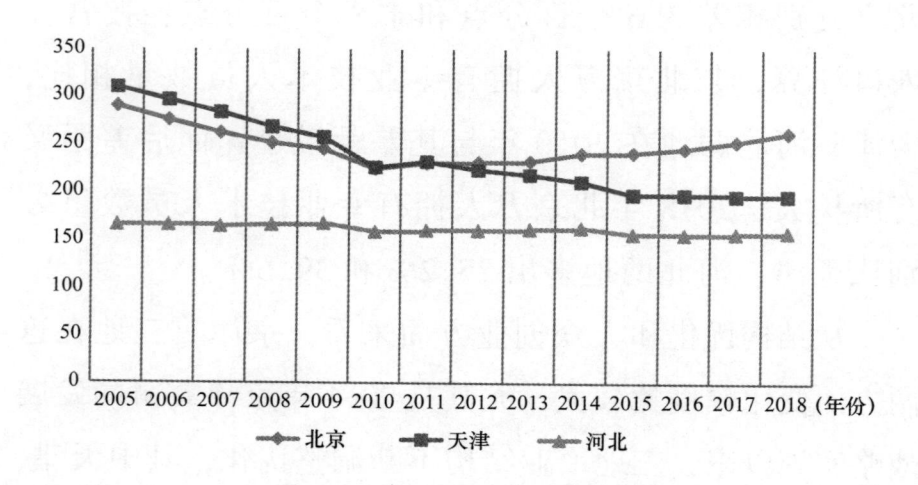

图 4-4　京津冀创新人才变化趋势

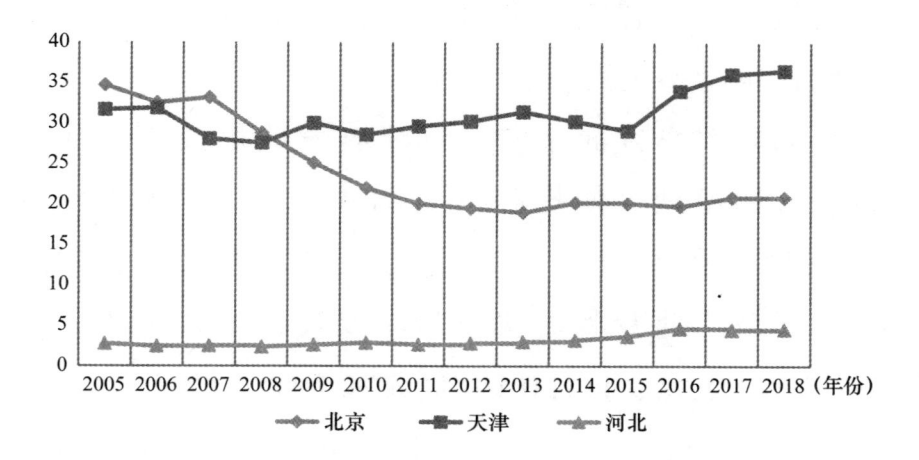

图 4-5 京津冀结构优化变化趋势

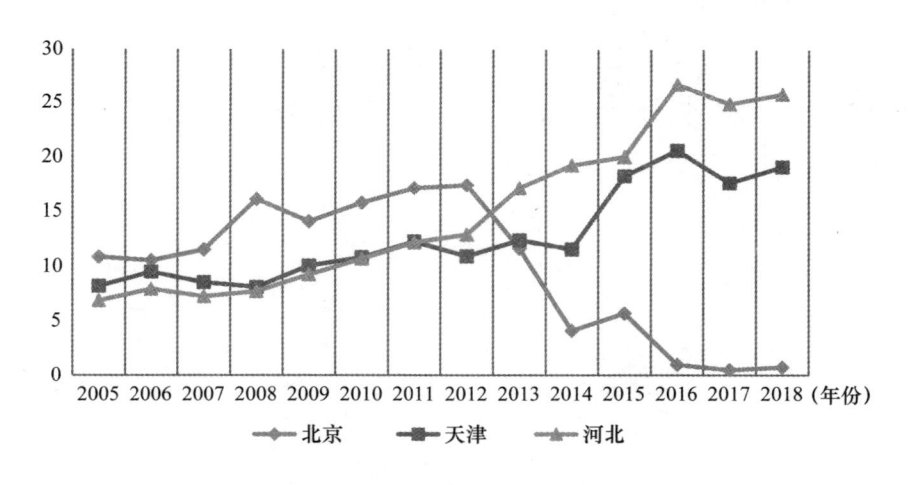

图 4-6 京津冀大众创业变化趋势

业总数的比重下降了 10.9 个百分点,而天津、河北两地分别提升了 6.7 个百分点和 8.7 个百分点。可见,北京地区非首都功能疏解成效显著,部分工业企业从北京转移到其他地区,逐渐转向高精尖产业,天津、河北两地通过承接疏解非首都功能，促进两地高技术产业的比重稳步提升。

从创新效率方面来看，京津冀三地科技创新活力和创新效率得到大幅提高（见图4-7）。本报告用专利授权量与研发投入经费之比反映创新效率，2018年，京津冀三地专利授权量与研发投入经费之比分别为65.7件/亿元、111.0件/亿元和104.1件/亿元，较2005年分别增长了147.1%、165.9%和72.2%，年均增幅分别为7.2%、7.8%和4.3%。其中2013—2018年京津冀三地年均增幅分别为4.5%、13.8%和10.7%，津冀两地在这期间的增速较快，较2005—2013年的增速分别提高了9.6个百分点和10.2个百分点。

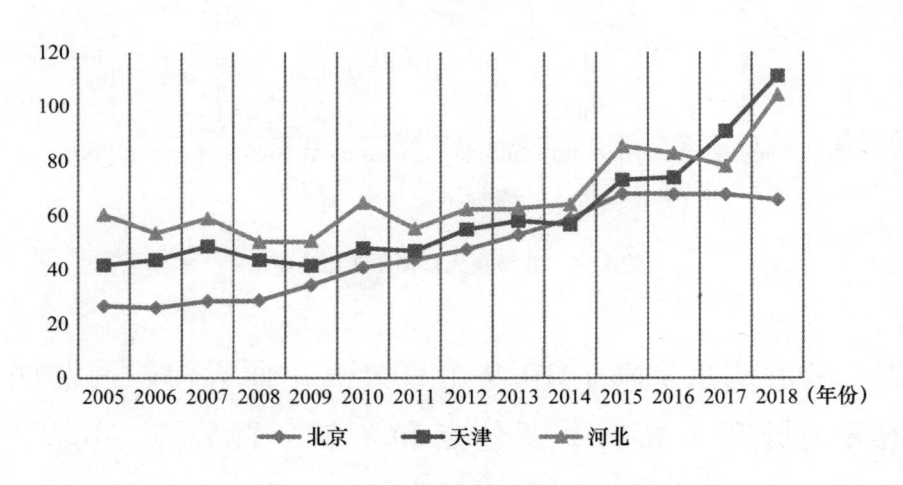

图4-7 京津冀创新效率变化趋势

（三）京津冀协调发展指数比较

京津冀三地协调发展指数呈波动发展态势，其中，北京协调发展指数总体呈下降的态势，而天津、河北两地协调发展指数呈上升的态势。总体来看，2013年以后天津、河北两地上升趋势较为明显，且两地之间的指数值较为接近（见图4-8）。

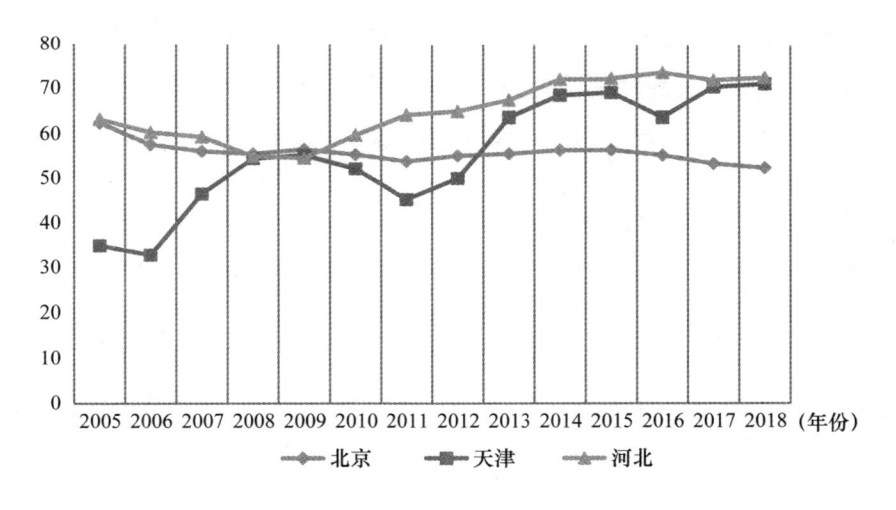

图4-8 京津冀三地协调发展指数变化趋势

从测算结果来看，2018年，北京协调发展指数值为52.6，较2005年下降10.0个点，平均每年下降0.8个点，其中2013—2018年平均每年下降0.6个点，与2005—2013年相比，下降趋势有所放缓；天津协调发展指数值为71.0，较2005年增长36.0个点，平均每年提高2.8个点，其中2013—2018年平均每年提高1.3个点，较2005—2013年平均下降2.1个点；河北协调发展指数值为72.5，较2005年增长9.1个点，平均每年提高0.7个点，其中2013—2018年平均每年提高1.0个点，较2005—2013年平均提高0.5个点。可见，从三地协调发展指数比较结果来看，河北协调发展指数最高，天津协调发展指数增速最快，而北京协调发展指数最低，且呈下降的趋势。

从地区差距来看，以人均GDP为基础计算三地的地区差距，结果显示，京津冀三地的发展差距仍较为明显，尤其是北京、天津两地的内部差距较大，而河北内部差距相对较小（见图4-9）。北京各区县间的地区差距自2005年呈逐步扩大的趋势，其中2008—2014年地区差距增长趋势放缓，而2014年后这种地区差距有逐步拉大的趋势，2018年泰尔指数值为0.11，较2005年增长了38.7%；天津各区县间的地区差距总体上呈下降趋势，2018年泰尔指数值为0.06，较2005年下降了55.5%，但2018年地区差距较上一年又有所增长，增长了3.3%；河北各地级市间的地区差距相对比较平稳，但总体上从2014年开始下降趋势显著，2018年泰尔指数值为0.02，较2013年下降了23.9%。

从城乡差距来看，京津冀三地城乡差距均呈先升

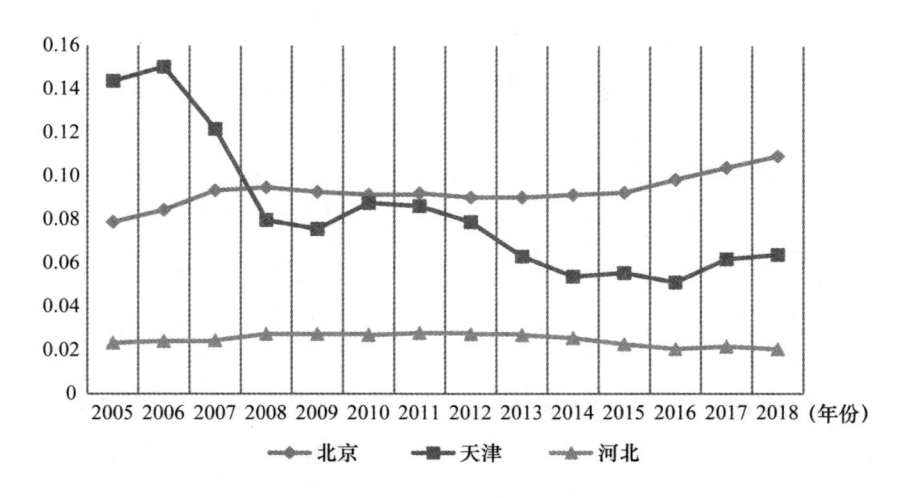

图 4-9 京津冀三地地区差距（泰尔指数）变化趋势

后降的变化态势。其中，与北京、河北两地的城乡差距相比，天津的城乡差距相对较小（见图4-10）。本报告中通过城乡居民人均可支配收入比反映城乡差距，2011年开始北京、天津两地的城乡居民可支配收入比均呈下降趋势，到2018年分别下降了3.0%和17.7%；河北的城乡居民可支配收入比自2009年开始呈下降趋势，到2018年下降了17.8%。

从公共服务差距来看，以人均一般公共预算财政支出为基础计算的地区公共服务差距结果显示（见图4-11），京津冀三地公共服务水平不断提升，地区公共服务差距总体上有所减小，其中天津各区县之间公共服务差距减小趋势较为明显，2018年泰尔指数值为0.4，较2005年下降了55.1%，较北京、河北两地分

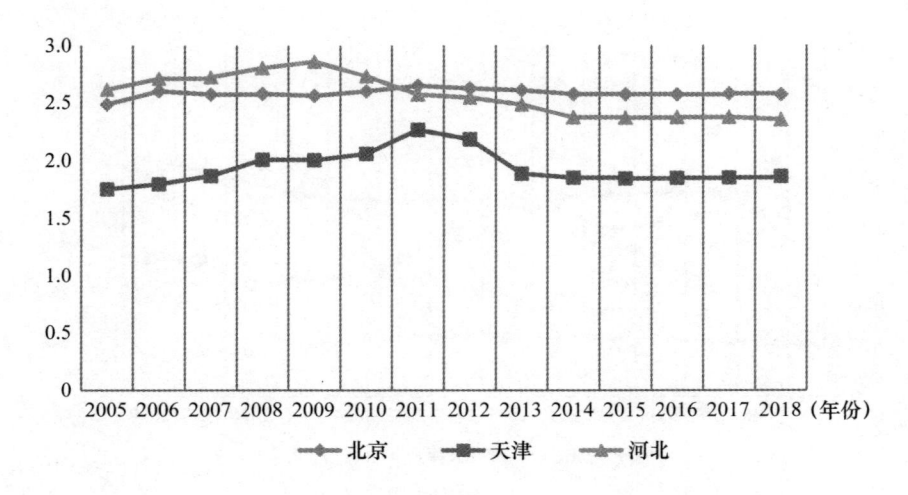

图 4-10　京津冀三地城乡收入差距变化趋势

别高出 28.5 个百分点和 51.6 个百分点；北京各区县之间公共服务差距相对最小，2018 年泰尔指数值为 0.02，分别约为天津的 1/18、河北的 1/12。

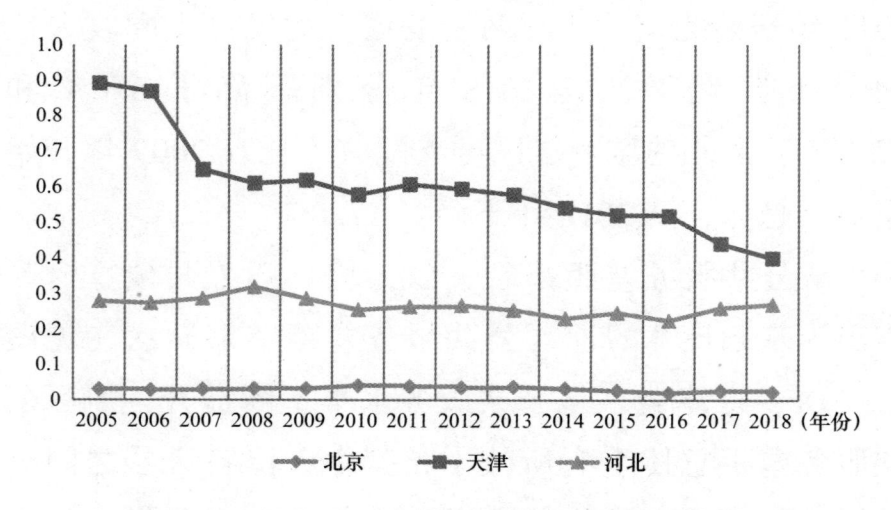

图 4-11　京津冀三地公共服务差距（泰尔指数）变化趋势

(四) 京津冀绿色发展指数比较

京津冀三地绿色发展指数总体均呈上升趋势,其中北京绿色发展指数在2012年开始超过天津,且指数值相对较高,而与北京、天津两地相比,河北绿色发展指数较低(见图4-12)。

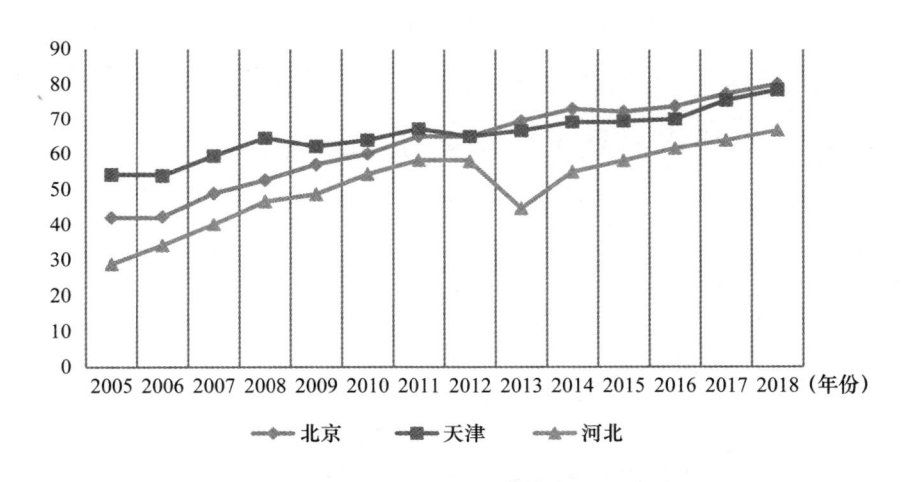

图4-12 京津冀三地绿色发展指数变化趋势

从测算结果来看,2018年,北京绿色发展指数值为80.3,较2005年增长了38.1个点,平均每年提高2.9个点;天津绿色发展指数值为78.7,较2005年增长24.5个点,平均每年提高1.9个点;河北绿色发展指数值为67.0,较2005年增长38.1个点,平均每年提高了2.9个点,其中2013—2018年平均每年提高4.4个点,较2005—2013年平均提高2.4个点,较北京、天津两地同比分别提高了 2.3 个点和 2.1 个点。从京津冀三地绿色发展指数比较结果来看，尽管河北绿色发展指数最低，但 2013 年之后增速较快。

从能源消耗来看，京津冀三地能源消耗得到明显改善，尤其是河北能源消耗下降速度较快（见图 4 - 13）。由于河北化工产业比重相对较大，工业能耗和水耗也相对较高，但与北京、天津两地相比，河北下降幅度也是最大的，且在 2018 年仍呈下降趋势。其中，2018 年河北万元 GDP 能耗比上年下降了 3.6%，单位工业增加值耗水量比上年下降了 5.5%。

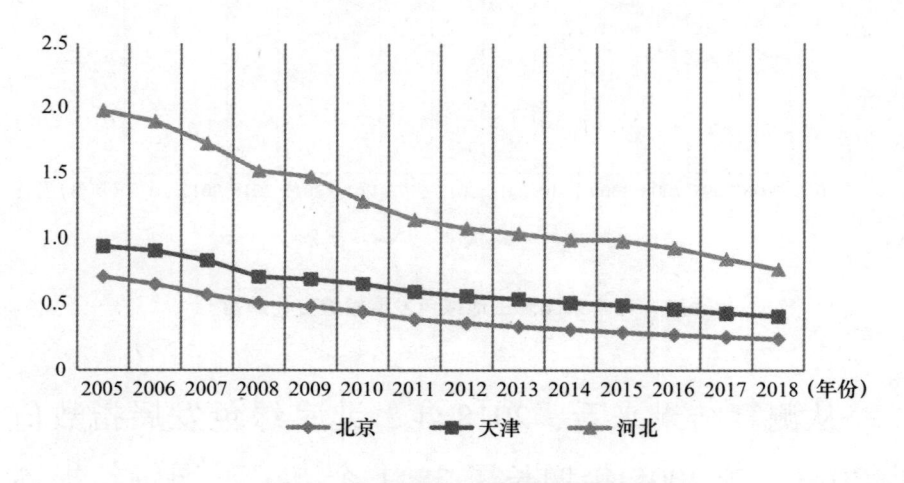

图 4 - 13 京津冀能源消耗变化趋势

从大气治理来看，京津冀三地 PM2.5 年均浓度呈快速下降的趋势，空气质量明显改善（见图 4 - 14）。北京 PM2.5 年均浓度由 2013 年的 89.5 微克/立方米降至 2018 年的 51 微克/立方米，下降了 43.0%；天津

PM2.5年均浓度由2013年的96微克/立方米降至2018年的52微克/立方米，下降了45.8%；河北PM2.5年均浓度由2013年的108微克/立方米降至2018年的56微克/立方米，下降了48.1%。可见，京津冀三地空气质量均有改善，但空气质量要实现根本好转仍需时日。

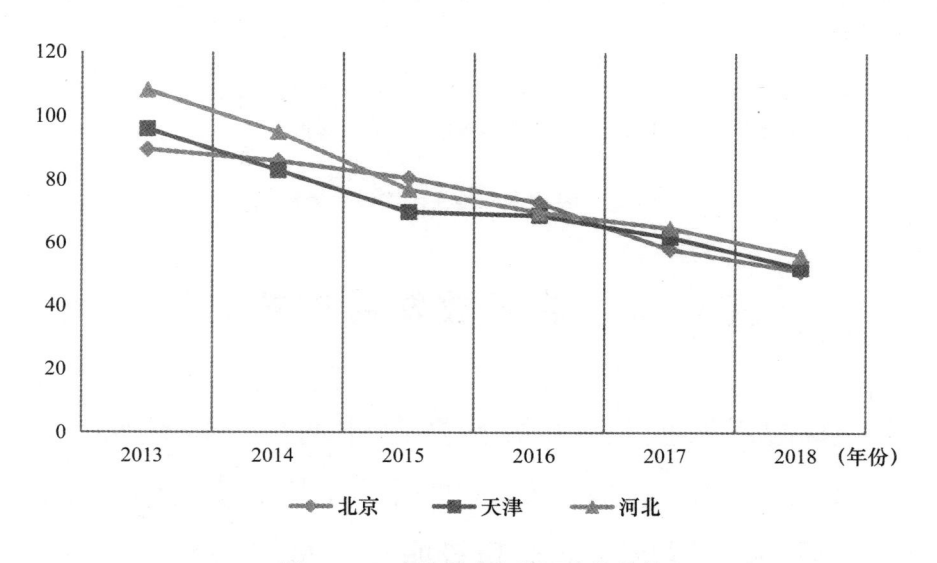

图4-14 京津冀大气治理变化趋势

从生态建设来看，京津冀三地人均城市公共绿地面积不断扩大，按照常住人口计算，2018年京津冀三地人均城市绿地面积分别为39.6平方米/人、29.8平方米/人和12.1平方米/人，较2013年分别增长了24.9%、89.2%和16.7%（见图4-15）。根据生态市达标值≥11平方米/人的标准，京津冀三地均已达标，且北京远远超过标准值。

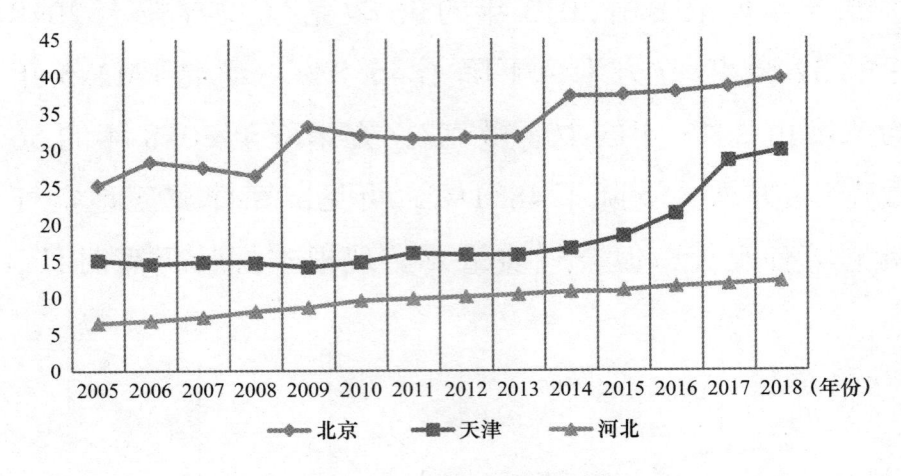

图 4-15 京津冀三地生态建设变化趋势

（五）京津冀开放发展指数比较

京津冀三地开放发展指数总体均呈下降趋势，其中，北京、河北两地开放发展指数下降趋势较为平缓，而天津开放发展指数下降趋势明显。总体来看，北京开放发展指数较高，而河北开放发展指数较低（见图4-16）。

从测算结果来看，2018年，北京开放发展指数值为67.1，较2005年下降3.8个点，平均每年下降0.3个点，其中2013—2018年平均每年下降0.5个点，与2005—2013年相比，平均降低了0.3个点；天津开放发展指数值为31.5，较2005年下降24.8个点，平均每年下降1.9个点，其中2013—2018年平均每年下降2.1个点，与2005—2013年相比，平均降低了0.4个点；河北开放发展指数值为1.5，较2005年下降9.0个点，平均每年下降0.7个点，其中2013—2018年平均每年下降0.3个点，与2005—2013年相比，平均提高了0.7个点。从京津冀三地开放发展指数比较结果来看，河北开放发展指数较低，而北京开放发展指数较高，约为天津的2倍、河北的44倍。

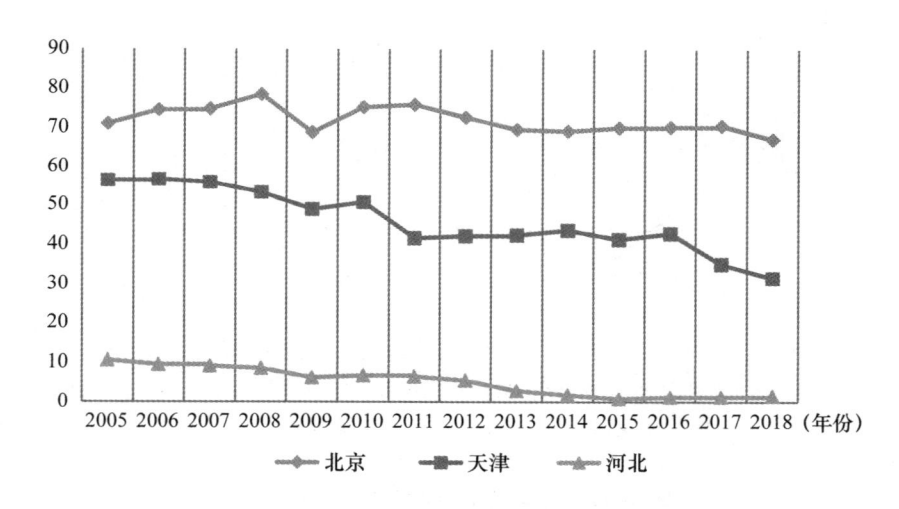

图4-16 京津冀三地开放发展指数变化趋势

从贸易开放来看，京津冀三地货物贸易总体上呈波动增长的态势，且三地在2018年均有所上升，京津冀三地进出口额分别为27182.5亿元、8077.01亿元和3551.6亿元，较上年分别增长23.9%、5.6%和4.5%；2018年京津冀三地进出口额占GDP的比重较上年均有所提高，较上年分别提高了12.0个百分点、2.0个百分点和0.6个百分点，2005—2018年三地进出口额占 GDP 的比重分别下降了 54.0%、67.7% 和 3.2%。京津冀三地进出口贸易仍然受国内外多重因素的影响，但这种影响有所减弱，从三地贸易开放总体变化趋势来看，北京、天津两地经济对外依存度明显减小，而河北由于经济形态相对开放程度较低，故其贸易开放变化趋势相对平稳（见图4-17）。

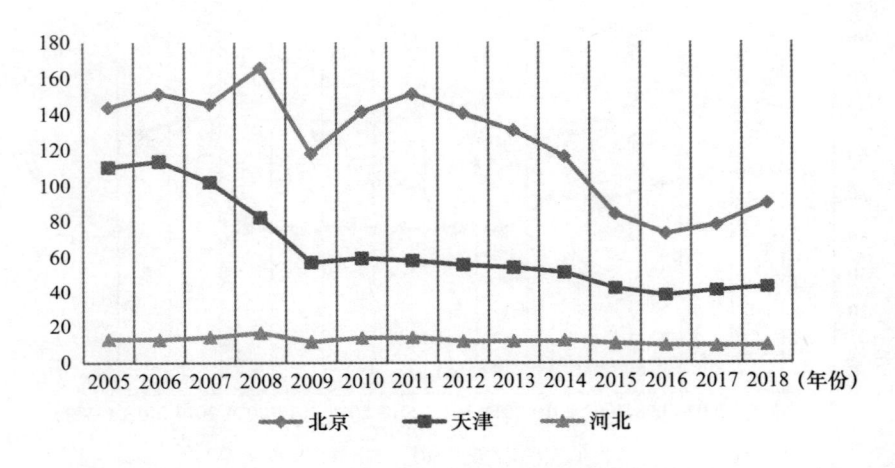

图4-17 京津冀三地贸易开放变化趋势

从境外投资来看，北京国际资本流动较为活跃，天津2017年开始下降趋势明显，河北国际资本流动变化趋势平稳（见图4-18）。2018年，京津冀三地国际资本流动额（对外投资额和实际利用外资额合计）占固定资产投资额的比重分别为20.9%、5.1%和2.0%，其中，北京的比重较2013年提高了9.4个百分点，河北的比重与2013年基本持平，而天津的比重较2013年下降了7.1个百分点。

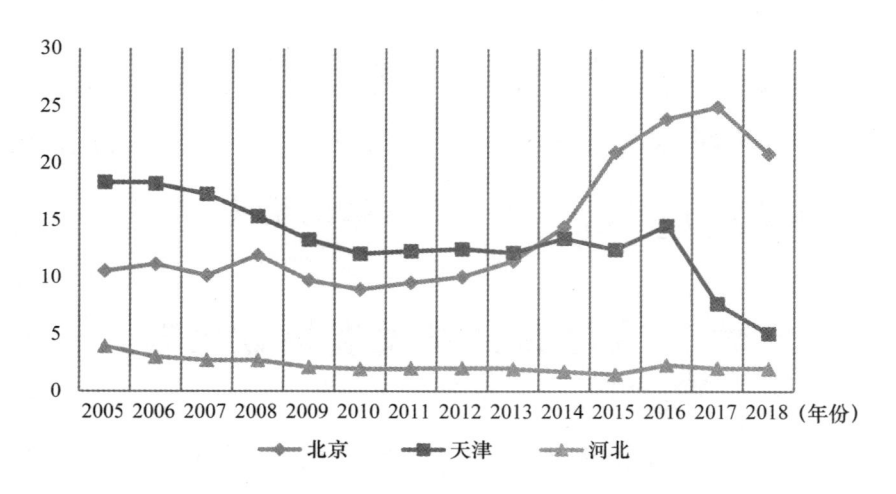

图4-18 京津冀三地境外投资变化趋势

从人口流动来看，北京、天津两地外部流入人口相对较多，总体上呈现上升的趋势，由于两地的经济发展水平较高，就业机会较多，促使外省人口向两地流入，2018年，北京、天津两地外来人口占常住人口的比重分别为35.5%、31.9%，较上年分别减少了1.1个百分点和0.1个百分点。然而，河北则呈现人口流出趋势，2018年，其人口净流出量占常住人口的比重为1.6%，较上年下降了0.6个百分点。可见，北京非首都功能疏解成效显现，人口流入量随之减少，而在2018年，北京、天津两地常住人口也开始出现负增长现象，两地常住人口较上年分别减少了16.5万人、7.3万人。

从入境旅游来看，京津冀三地接待入境游客人数占国内外旅客接待量的比重在2013年均出现明显下降态势，2018年京津冀三地的比重分别为1.29%、0.26%和0.15%，较2013年分别下降了0.5个百分点、0.3个百分点和0.17个百分点。可见，三地国内游客的增速明显快于入境游客人数的增速。

（六）京津冀共享发展指数比较

京津冀三地共享发展指数总体呈波动上升的趋势，天津总体增长幅度较大，而北京、河北两地在2013年以后增长趋势相对较为明显。总体来看，北京共享发展指数较高，天津次之，而河北与北京、天津两地的差距相对较大（见图4-19）。

从测算结果来看，2018年，北京共享发展指数值为82.6，较2005年提升了2.3个点，平均每年提高0.2个点。其中2005—2012年呈下降趋势，平均每年下降1.3个点；而2012—2018年呈增长趋势，平均每年提高1.8个点。天津共享发展指数值为77.6，较2005年提高了15.0个点，平均每年提高1.2个点。其中2011—2018年的增长幅度较大，平均提高1.8个点，较2005—2011年平均提高了1.5个点。河北共享发展指数值为33.1，较2005年提升了11.7个点，平均每年提高0.9个点。其中2013—2018年的增长幅度较大，平均每年提高5.2个点，较2005—2013年平均提高 7.1 个点。从京津冀三地共享发展指数比较结果来看，河北与北京、天津两地共享发展指数相差较大，北京、天津两地分别约为河北的 2.5 倍和 2.3 倍。

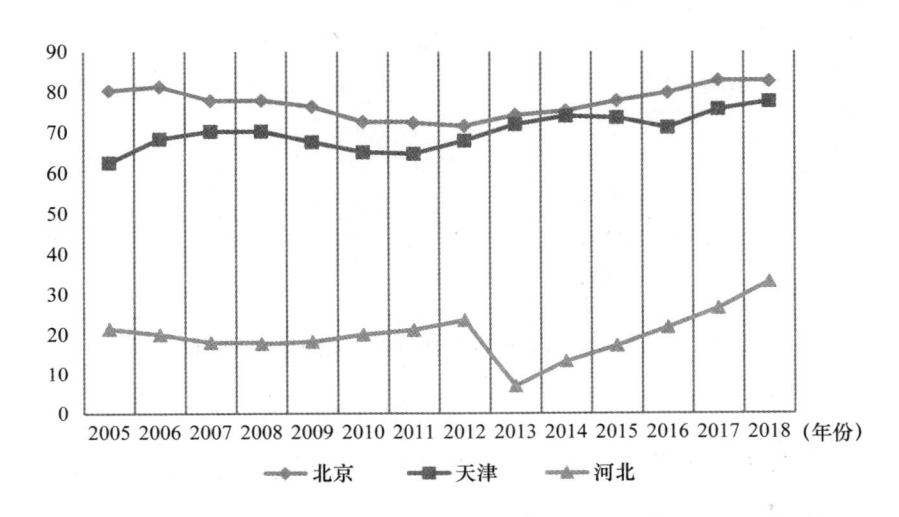

图 4-19　京津冀三地共享发展指数变化趋势

从收入差距来看，京津冀三地各区（地级市）的收入差距总体上呈现先升后降的发展趋势，2013 年以来地区收入差距逐步缩小（见图 4-20）。通过泰尔指数测算北京、天津各区及河北各地级市的城镇居民人均可支配收入差距，2018 年，京津冀三地的指数值分别为 0.0028、0.0019 和 0.0035，较 2013 年分别下降了 14.0%、1.5% 和 22.2%。可见，与北京、天津两地相比，河北尽管收入差距相对较高，但下降幅度也相对较大。

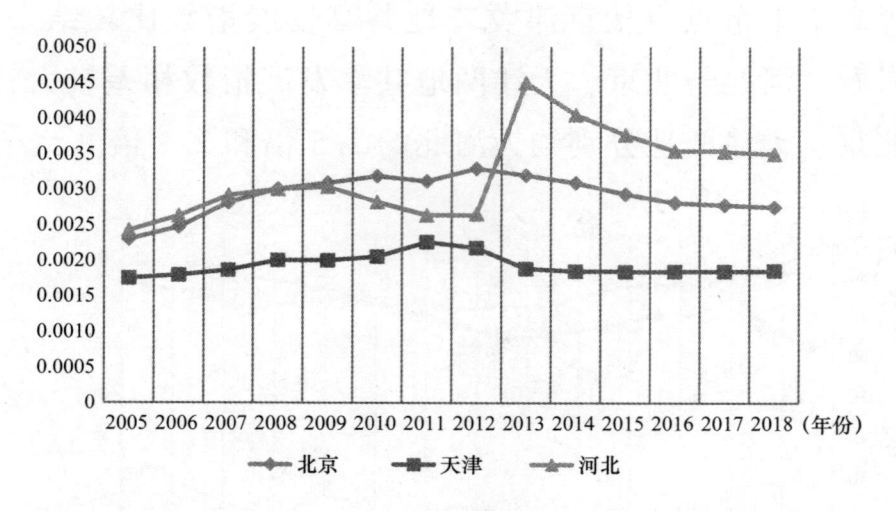

图 4-20　京津冀三地收入差距（泰尔指数）变化趋势

从教育公平来看，京津冀三地受教育水平人数差距有所减小，北京、天津两地 2013 年开始呈现平稳发展的态势，而河北则呈快速发展的态势（见图 4-21）。2018 年，京津冀三地每 10 万人口高等教育在校生数分别为 5268 人、4150 人和 2457 人，其中北京、天津两地较 2013 年分别下降了 3.7% 和 4.5%，而河北则增长了 16.6%。河北与北京、天津两地每 10 万人口高等教育平均在校生数的差距分别从 2013 年的 2.6 倍和 2.1 倍，缩小至 2018 年的 2.1 倍和 1.7 倍。

从精准扶贫来看，京津冀三地大力开展扶贫工作，三地的城乡低保户人数大幅减少，尤其是 2013 年以来河北的下降幅度较大（见图 4-22）。2018 年，京津冀三地城乡低保户人数占地区总人口的比重分别为

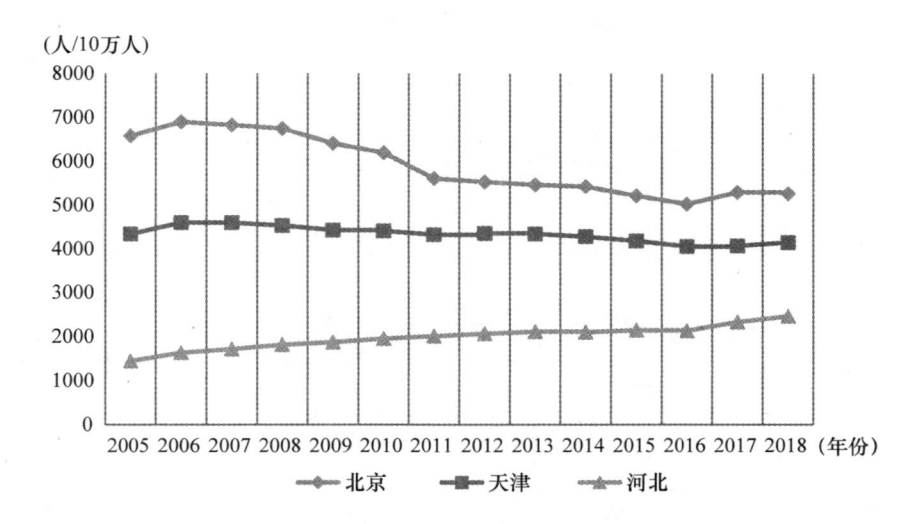

图 4-21 京津冀三地教育公平变化趋势

0.49%、0.91% 和 1.93%，较 2013 年分别下降 0.29 个百分点、0.91 个百分点和 2.09 个百分点。与北京、天津两地相比，河北城乡低保户人数占地区常住人口的比重较大，较北京、天津两地分别高出 1.44 个百分点和 1.02 个百分点。

从就业机会来看，京津冀三地就业机会有所增长，2013 年以后北京地区增长趋势最为明显，河北地区呈稳步增长的趋势（见图 4-23）。2018 年，京津冀三地城镇就业人员占劳动年龄人口的比重分别为 68.9%、58.1% 和 26.6%，较 2013 年分别增长 6.9 个百分点、0.02 个百分点和 2.2 个百分点。其中，北京、天津两地明显高于河北地区，分别高出 42.3 个百分点和 31.5 个百分点。可见，尽管三地的就业机会均有所增长，但河北与北京、天津两地的差距仍然存在。

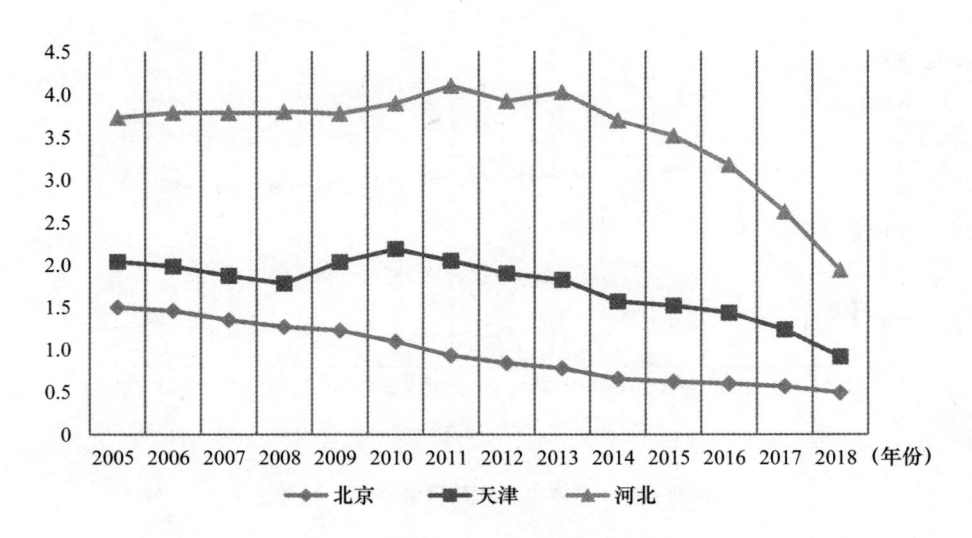

图 4-22 京津冀三地精准扶贫变化趋势

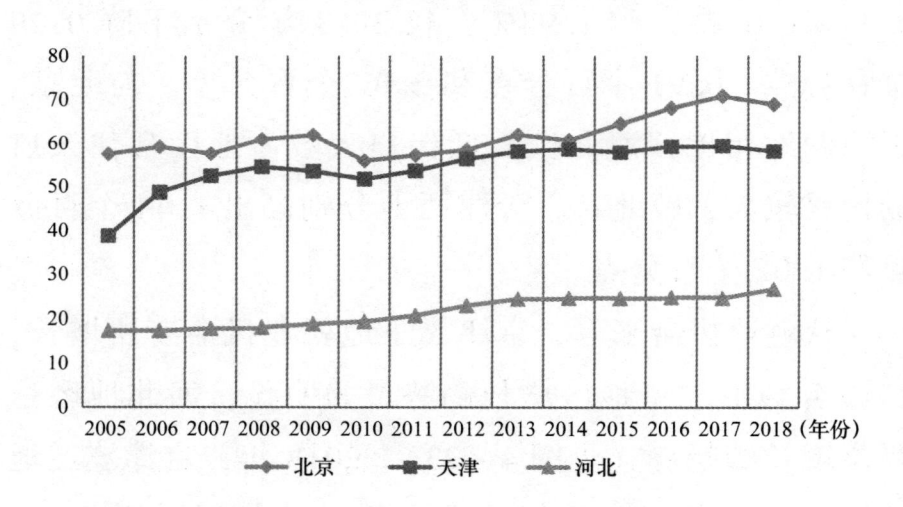

图 4-23 京津冀三地就业机会变化趋势

(执笔人：崔志新)

五 河北雄安新区高质量发展专题研究

（一）推动雄安新区传统产业调整升级的几点建议

2019年1月国务院批复同意《河北雄安新区总体规划（2018—2035年）》，标志着雄安新区进入大规模建设发展阶段。与雄安新区的战略定位相比，目前雄安新区产业集聚不足且低层次产业所占比重较大，但是这些劳动密集型产业是与当地劳动技能和人力资本结构相匹配的。这些传统产业"由大到强"的转型升级将在很大程度上影响当地劳动力就业结构的转变，以及与高新技术制造业和生产性服务业的协调发展，对于雄安新区高质量发展意义明显。

1. 对传统产业功能的再认识

目前雄安新区的几大主要产业，尤其是雄县的纸塑包装业和压延制革业、容城县的服装业、安新县的有色金属回收业，产业成熟度相对较高，在国内国际两个市场均有一定的市场地位，有继续培育成为新增长点的发展基础。从三县主要传统产业目前所处的节能环保水平看，几个重要产业如容城县的服装业和毛绒玩具业、雄县的纸塑包装业以及压延制革业，在技术改造和装备升级方面，对降低能耗、减少污染物排放等都采取了必要的改善措施，这些产业相对适宜保留下来并进一步加快转型升级。另外，事关社会稳定和经济大局的就业问题需要纳入政策制定的考量范围，尤其是产业转出后对当地居民的就业安置。从吸纳就业看，安新县的制鞋业、雄县的纸塑包装业及容城县的服装业吸纳了很大比重的就业人员。总体考量，在雄安新区传统产业中，雄县的纸塑包装业和压延制革业、容城县的服装业和毛绒玩具业、安新县的制鞋业和有色金属回收业，在产业基础、节能减排和吸纳就业等功能方面有着相对较好的绩效表现，可纳入雄安新区有待转型升级的传统产业中，而其他几类现有的主要产业则可列为转移产业。

2. 传统产业调整升级的总体思路

（1）发挥以技术创新和质量品牌为抓手的创新引领，寻求高质量发展。雄安新区制造业转型升级需要立足高起点、高质量，现有的适宜于继续保留和发展的传统产业应紧随国内同行业企业，在实施技术追赶的同时，定位于未来产业竞争中的前瞻性科学技术，加快其中核心的关键性前沿技术赶超，实现跨越式技术升级；同时，提高制造质量，加快优势产品的质量标准体系建设，进而提高供给体系质量，构建产业发展的质量优势。在这个过程中，逐渐将制造环节向外转移，最终建成研发基地，重点培育高质量制造和知名品牌。

（2）借助互联网和大数据等信息技术手段，推动流程再造和渠道转型。雄安新区的保留产业，应推动互联网、大数据、人工智能和实体经济深度融合，充分利用信息技术革命所带来的技术范式变革，深入推进流程再造和渠道转型。其中，生产流程再造方面，加速"两化融合"速度，充分利用互联网、大数据等信息技术，便于企业获取和追踪全产业链信息；渠道转型方面，要求企业提升快速响应能力和供应链管理能力，同时也要处理好传统渠道和新兴业态之间的平衡。而且，雄安新区致力于打造具有深度学习能力、全球领先的数字智能城市，将在智能基础设施、智能中枢和应用安全等方面超前布局，这为传统企业的数字化、智能化转型提供了有利的发展条件。

（3）加强节能环保和生态建设，实现绿色低碳可持续发展。雄安新区自然资源基础良好，在规划建设上强调坚持绿色低碳循环发展，严格控制碳排放，有些企业在制造业绿色转型上有望超越和领先国内同行业龙头企业。从中央对雄安新区建设的高标准看，要把雄安新区打造成为绿色生态宜居新城区、新时代的生态文明典范城市，而且在产业和技术选择上应充分遵循绿色低碳这一发展要求。

3. 雄安新区产业调整升级的可行路径

（1）加快组织形态调整和变革，辅助兼并重组和转移引进相结合的产业组织重构方式，高质量整合优势资源，构建与总体战略定位相匹配的现代产业组织体系。为了适应雄安新区建设的总体战略目标，必须从微观上改变已有的组织形态，打破目前企业规模小、资源严重分散、行业集中度低、缺乏领头企业的局面。这就需要根据目前传统产业的发展现状和发展潜力综合评估，在充分论证基础上遴选出一批成长性良好、具有潜在核心竞争力的优势企业，重点培育其做优做强；推动创新资源整合，鼓励龙头企业之间以及与周围配套企业兼并重组，形成富于创新、机制灵活的新一批骨干企业，形成新的组织模块，各自发挥组织优势，以无边界集团模式，引领带动一批精干专业、特色灵活的配套企业。一方面，强强联合，有利于构建竞争优势，快速推进产业升级；另一方面，通过更加有效的合作机制聚合现有的一部分具有现代生产组织方式的小微企业，有助于完善产业链，培育更具市场活力、有序竞争的现代产业体系。这其中，必然伴随一部分不适应雄安新区功能定位的生产力转移和退出，这可与协调发展路径相配合共同推进。

（2）加大研发创新投入，深入推进"两化"融合发展，培育创新平台共享机制，提高创新资源集聚能力和使用效率，搭建有利于培育更具创新活力市场主体的创新网络。创新驱动是雄安新区总体定位中的核心功能之一，目标是打造全球创新高地。因此，雄安新区传统产业转型升级的路径之一，就是充分发挥雄安新区的创新功能定位与战略发展优势，提高创新资源使用效率，构建更具创新活力的共享创新网络。尤其是，雄安新区传统产业在创新资源利用上，可以尝试加强多层次创新资源共享网络建设，走集中发展的道路。一是通过开展合作、共建创新平台等方式加强创新资源共享。三县传统产业中的龙头企业应加强与东南沿海企业、跨国公司的技术交流，可以先向落户企业学习，借助政策优势，逐渐向更广泛和更高层级交流空间拓展。另外，应与科研院所、国内优秀双创基地联合搭建高质量、中高端创新资源共享平台，尝试在诸如提升产业链和参与行业标准制定等前沿领域联合突破，形成创新共同体。二是鼓励与诸如技术类企业、互补营销企业尝试跨界合作，探索建立更具包容性的开放共享机制与平台。尤其是在互联网时代，骨干企业可以与互联网企业深度合作，构建基于网络技术的协同制造公共服务平台，促进生产制造、质量控制和运营管理各独立子部门系统的互联互通，构建现代化管理模式，加强创新资源、生产能力、市场需求的有效对接，提高全产业链资源整合能力。三是充分整合国内国外两个市场的高端创新要素。引进国内外高素质人才、前沿技术、中高端市场等创新要素资源，利用大数据、物联网、人工智能技术加快建立多层次广域创新平台，包括组建行业领军人才和专家数据库、国内外前沿技术与研发数据库等。

（3）提高服务型制造业和生产性服务业的比重，强化协同制造，推动传统产业价值链迈向中高端。雄安新区传统产业应积极延长产品链，同时通过提升高附加值环节的占比，带动产业迈进价值链中高端。雄安传统产业在价值链中长期处于中低端水平，转型升级的空间很大，在提高附加值升级过程中可以从生产型制造向服务型制造转变，提高生产性服务业的比重。这是雄安传统产业中的服装纺织品企业转型的主要方向之一。从消费趋势看，随着中国人均收入水平的日益提高，未来市场对于消费服务的要求将更加突出，产品链向服务领域延长是类似服装这类终端产业向更高价值增值延伸实现价值链升级的必然趋势。雄安新区可以遵循合作互利的原则，合理适度引入国内外优秀的研发设计等服务型企业，通过商业或技术合约的方式，促进三县传统产业中的骨干企业提高研发设计水平，增强价值链服务能力。同时，可以推动有实力的龙头企业由生产制造商向整体解决方案提供商转变。

（4）加快新型城镇化建设，倡导绿色生态社区，根据功能定位有机整合特色产业，建设一批保护传统特色产业和充分吸纳就业的特色小镇。雄安新区建设的一个重要战略方向就是打造贯彻落实新发展理念的创新发展示范区，首要目标就是打造绿色生态宜居新城区，建设绿色智慧新城。传统产业也是雄安新区的有机构成部分，应充分展现绿色生态的发展理念。保留下来继续发展的产业在节能环保方面应遵循严格的标准，可以按照如下路径加快转型升级：在绿色生态社区建设的同时，把传统产业集聚升级为智慧宜居型特色小城镇，深入推进雄安新区产城融合发展。合理的产业布局是将这些特色小镇或工业园区集中分建在非核心区，适宜发展的产业重新在这些特色小镇或园区选址兴建，并且这些企业也要改变现有的劳动密集型生产方式，通过引进高效的自动化生产检测设备等提高产品质量和劳动生产率，逐步向数字化、网络化和智能化转型，实现中高质量的工业增长和产城融合发展。现有不符合雄安新区战略定位的产业，面临退出或转移的问题。可供选择的路径之一就是长期形成特色的传统产业可以走整合、协同发展之路，共同转移至雄安周边区域。为了与新区非核心区的园区建设协同发展，也可以通过新建特色小城镇或并入产业集群等方式重新安置并按市场规律运营。这一路径既顾全大局，在承接非首都功能的同时促进产业优化布局和转型升级，从产业发展和空间协调层面体现了雄安新区的战略高度，也尽可能减少对传统产业的冲击，更好地保护长期形成的特色产业的生存发展。这些特色小镇也能够为雄安新区升级后的产业提供一定的制造能力和配套服务保障。

（二）建立"一核两翼"科技创新协同发展路径的建议

2014—2019年，京津冀协同发展战略从顶层设计迈进深入实施阶段，创新驱动成为区域协同发展的新动能，科技创新能力不断增强，协同创新活动日益活跃，开启了从"集聚资源求增长"向"疏解功能谋发展"战略的转变。而高质量建设北京城市副中心和河北雄安新区，与北京首都功能区形成"一核两翼"的格局,是更好地发挥北京"四个中心"定位和深入推动京津冀协同发展的战略需要。当前,推进"一核两翼"创新协同发展具有重大的现实意义,有利于更好地促进北京非首都功能的疏解,有利于推动雄安新区建设高质量发展的样板新城,有利于北京市加快建设全国科技创新中心。

1. 构建"一核两翼"协同创新共同体

"一核",即首都功能核心区,核心定位为全国政治中心;"两翼",即北京城市副中心和河北雄安新区,是疏解非首都功能的两大集中承载地。为避免同构化,要牢牢把握好"一核"与"两翼"的关系。在切实落实规划建设要求基础上,引导北京首都功能核心区科技型企业、企业研发机构、科研院所等创新机构以及相关人才、技术成果、金融机构等因地制宜向城市副中心和雄安新区转移,构建京津冀"一核两翼"协同创新共同体,通过共建重点实验室、产业技术研究院、公共技术服务智库和创新创业基地等形式,形成紧密的业务相连、功能互补、共建共享的跨地创新协作载体。在体制机制方面,这些创新共同体既可以通过承担国家重大科技攻关计划实现协同发展,又可以通过企业或科研单位自身创新链条重组实现效率提升。

2. 建立"一核两翼"协同创新工作机制

成立"一核两翼"协同创新的协调机构和专家咨询委员会。借鉴英国大伦敦地区城市群分层管理机制的经验，在国家京津冀协同发展领导小组的基础上加挂成立"一核两翼"领导小组，加强对"一核两翼"的规划进行统筹指导，特别是推动北京科技创新资源向雄安新区疏解转移，实现一批协同创新项目落地，打通跨地协作的"肠梗阻"问题。同时，借鉴东京湾开发建设的成功经验，成立"一核两翼"协同创新专家咨询委员会，聘请相关领域的国内外知名专家学者担任专家咨询委员会委员，委托专家委员会承担"一核两翼"协同创新项目的事前论证和事后评估任务。

完善地方政府横向"直通车"式协同创新沟通机制。"一核两翼"地方政府间的不同行政部门建立业务直连直通的沟通渠道，编制年度工作清单和台账制度，不定期开展业务工作交流，实施年度工作执行进度考核。另外，加大领导干部交流力度，建立健全干部交流常态化新机制。北京城六区、通州区和河北雄安新区管委会应探索同步实施干部异地交流任用、干部异地挂职交流、干部异地交叉任职，让更多干部熟悉开展对接交流工作，将异地干部与人才交流挂职工作业绩纳入评价、选拔、提升等考核体系。

3. 建立"一核两翼"互利共赢协同机制

推动"一核两翼"跨区域创新要素便捷流动。为促进"一核两翼"区域之间的创新要素快速流动，深化跨区域人才互认共享平台，搭建人才对接交流活动平台，组建合作创新联盟，促进产学研合作及成果转移转化平台建设。建设重点产业技术专家、领军型技术人才数据库，鼓励、支持企业通过聘请技术顾问、短期培训、网上授课、合作研究和共建工程实验室或工程技术中心等形式，充分利用北京高校和科研院所的工程技术和高水平人才。充分发挥虚拟关系的作用，打破单位主体边界限制，促使创新资源实现最大价值，弥补地区间创新资源不平衡、不充分问题。

推动"一核两翼"公共资源共建共享。加快完善基础设施建设，实现公共服务均等化，加密"一核两翼"之间交通网络，持续加大优质教育、医疗卫生等资源的引进和供给，切实提高智慧城市建设力度。借鉴中国香港特区政府通过竞争性机制招标购买社会服务的经验，发挥社区和民间组织的力量，促进"两翼"公共服务供给主体多元化发展，引入政府购买服务和充分的外包竞争机制，吸引社区和民间组织力量参与提供公共服务，用市场化的力量提升城市公共服务的质量。借鉴美国公共服务运行机制经验，推行政府部门间合作提供公共服务，并通过协商设立特殊服务区，把由专业化机构统一提供的服务事项交给"特区"，由其提供专业化服务，提高公共服务的规模效益。

构建"一核两翼"跨区域创新生态系统。借鉴硅谷和深圳创新生态系统的建设经验，构建完善的跨区域"基础研究+技术攻关+成果产业化+科技金融"创新链，充分发挥北京科技创新资源突出的优势，产学研单位加强建立有效的沟通合作机制，鼓励"两翼"地区发挥科技孵化和转移的作用，促进大学、研究院等创新主力单位成立跨区域技术孵化平台和技术转移中心，重点加快推进雄安中关村科技产业基地和新型产业孵化器建设，成为产业结构调整和科技研发成果推广应用的先行先试者。

以"一核两翼"区域联动发展更高层次的开放型经济。在基础领域研究协同、国家重大科研项目、科技平台搭建、体制机制创新等方面，超前谋划开放式创新体系建设，构建基于互联网的众创虚拟平台，将全球科技创新机构、服务中介、科技金融机构等主体连接起来，提供创新创业的增值服务，打造科技成果应用转化平台。突出北京（中关村）的产业引领地位，重点培育"两翼"的高新技术产业集群和创新型产业集群，推动区域内实验室、科学装置、试验场所的开放共享，促进创新成果为"两翼"建设提供有力支撑。

4. 建立"一核两翼"跨区域协同创新制度环境

完善税收分成方案及税收优惠政策。以北京产业疏解过程中的企业为试点，探索建立"一核两翼"之间的税收制度和利益分配制度，全力共建雄安新区中关村科技园，加速中关村企业向"两翼"的科技产业基地转移。借鉴中国香港鼓励私营企业研发的经验，推出超级税收优惠，对符合资格的"两翼"企业给予一定比例的税收扣减。尝试把税收优惠的重点从企业所得税转向流转税，实行以间接优惠为主的税收优惠政策，增加加速折旧、投资税收抵免、税前扣除、延迟纳税、亏损结转等税基式优惠手段的运用，发挥税收优惠政策的投资诱导作用，增强"两翼"对京内企业的吸引力。

完善跨区域知识产权保护体系。在"一核两翼"区域开展知识产权服务标准化试点示范工作，对标国际先进规则，加大知识产权保护力度，推动知识产权服务标准化管理和复合型人才队伍建设。建立和完善"一核两翼"大型科研仪器及设备运行机制和共享机制，明确上级主管单位的权利与义务，尤其是加强对产学研等合作项目产权的管理，增强协同创新主体的相关知识产权保护意识。

完善科技金融服务体系。结合创新产业链，构建从研发、中试、转化、规模生产等全过程的科技创新融资模式。借鉴"科技券"计划经验，推出"一核两翼"科技资源共享券计划，资助区域内中小企业优先使用科技资源和创新服务。建立科技贡献企业数据库，构建一套完善的评价指标体系，按照其所做的财政贡献和科技支撑贡献，设立专项奖项给予奖励。设立"一核两翼"银政企学研合作项目专项支持基金，对急需资金扶持的重点科技计划项目，鼓励以股权投资的方式直接给予支持。

加大对京津冀"一核两翼"异地协同创新项目的政策倾斜。建立稳定支持与竞争鼓励科研经费相协调的投入机制，在加强基础研究、应用研究和成果转化经费投入的基础上，鼓励"一核两翼"各类主体的协同创新活动，构建自主创新的竞争性鼓励政策。加强支持建设科技创新平台、产业科技园等方面的财政科研经费预算，尤其是大力支持产业承接转移科技园的科研基建和设施，以及对园区科技企业的培育。

（三）关于人工智能加快发展背景下河北雄安新区做好人力资源储备的建议

人工智能（AI）、大数据等技术是雄安新区不可缺少的基石支撑和关键引擎。在企业、企业间以及全区的生产、经营以及服务中引进人工智能技术，将有助于提高雄安新区高新产业在产品研发、质量以及生产率方面的国际竞争力，触发新产业、新业态的产生，但同时也会重塑人与机器结合的劳动方式，培养符合技术要求的高素质人力资源，在教育培训及人才引进政策方面增添新内容和新手段。而这些在雄安新区的尝试，有可能为全国提供人工智能条件下人力资源的管理经验。

1. 人工智能技术将重塑人力资源结构

人工智能、大数据等技术的发展与应用，极大地提高了机器的自动化水平和智能化水平，使机器替代人工的作业领域深度扩展，劳动者的必备能力发生变化，职业结构呈现两极化特征。

第一，机器替代人工的领域从程序化作业向非程序化作业扩展。近年来，由于人工智能、大数据等技术的进步，机器在速度、力量、精度优势的基础上，识别、分析、判断的能力也得到提高。有的机器甚至可以模仿人脑机制来解析数据，对环境变化做出合理反应，在相当广的范围担任程序化工作和部分非程序化工作。比如，计算机扫描、检索系统替代了律师业务中的预审准备作业；自动交易程序替代了证券交易员的证券代理交易工作；加入深度学习功能的移动式机器人替代了维修工的大型设备修理作业。自21世纪以来，机器替代人工的趋势十分明显。有研究认为，未来20年美国约有47%的工作可能被人工智能和机器人取代，未来10—20年日本约有49%的工作可能被人工智能和机器人取代。

第二，新型劳动者必须具备理工科知识、人际沟通能力与数字技术应用能力。人工智能、大数据等技术的应用，使劳动者的部分技能遭到淘汰，同时也对劳动者提出了技能转型升级要求。达沃斯世界经济论坛指出，社会交际技能（情感控制、人际沟通能力）、信息技术基本知识、信息处理技能是劳动者在未来必须具备的核心能力。由于劳动者在高端高新产业中的业务将越来越集中于非程序化领域，多数与技术的研发、应用和管理，以及高度个性化的服务有关，因此，对理工科知识，尤其是STEM（科学、技术、工学、数学四个领域）知识的理解与应用，将有助于提高生产率和进行技术创新。掌握人际沟通能力，尤其是与不同文化、不同领域以及不同职业的人交际的能力，在生产高度自动化时代非常重要。因为劳动者的工作已不是简单的机器操作，而是要与设备制造商、产品研发人员甚至客户相互沟通，确保制造过程有效率地进行。熟练应用人工智能、大数据等数字技术的新型劳动者，能够更有效地开展工作，创造更高的劳动价值。

第三，职业结构呈现两极化特征，高技能和低技能职业的需求增加，中等技能职业的需求减少。随着人工智能、大数据等技术的深入应用，以非程序化工作为职业的劳动者逐渐增加，而以程序化工作为职业的劳动者逐渐减少。非程序化工作分为两类，一类是需要高度专业技术知识的工作，另一类是要求人际沟通能力的工作。其中既有研究开发、技术管理、个性化销售这样的高技能职业，也有护理这样的低技能职业。程序化工作则主要与行政事务、生产设备操作、产品组装与运输等有关，属于中等技能职业。美国教授奥托（David Autor）发现，美国中等技能职业的就业增长，1979—2007年低于经济整体平均水平，并在2007—2012年出现了5%—10%的下降，而高技能和低技能职业的就业持续增长。经济合作与发展组织（OECD）的调查显示，欧盟28个国家、日本及美国的中等技能职业就业人数的比重，2002—2014年分别下降约9%、4.3%和9.5%，而同期高技能和低技能职业就业人数则有所增加。在世界银行调查的34个发展中国家里，有27个国家在1995—2012年中等技能职业的就业比重下降，而高技能和低技能职业的则有所增加。这些研究均认为，受人工智能、大数据等技术的推动，此种职业结构两极化现象还会持续下去。对于高端高新产业而言，这意味着人力资源结构的升级，高层次人才竞争更加激烈，从而给产业的形成与发展带来深刻影响。

2. 推动实施适应人工智能时代的人力资源储备的政策建议

第一，积极与大学、企业共同培养紧缺人才。在近期应该集中力量，采取产学研相结合方式，通过产学合作研究、中长期研究实习等形式，培养紧缺技术人才。德国为推进工业4.0启动了高级IT人才计划，企业界定需求和技能标准，从计算机科学、信息通信、工程领域选拔优秀研究生，由大学老师、科研人员和IT企业管理人员对他们进行专业指导。在校研究生向该项目主管部门提出包括研究计划在内的申请资料，获取批准后，在这些专家指导下实施自己的研究计划。德国联邦教育研究部（BMBF）为其提供上限为10万欧元的资助。西门子、博世等19个企业提供人才培养方案，制定教学大纲。雄安新区可以借鉴德国的做法，企业直接参与在校研究生教育，获取优先选拔学生入职企业的权利。而新区政府则根据技术发展以及劳动市场供求状况，设定人才培养项目，企业编制教材并派专家与大学教师一起给学生上课。学生向政府项目管理部门提出申请，批准后可获得政府资助。同时，政府也对大学和企业给予劳务费补贴。

第二，构建适应技术发展需要的新型教育系统。借助重点承接北京著名高校和科研机构的重要机遇，加快新区教育系统与数字技术对接，提高新区全民数字技术素养，培养掌握数字技术的高素质劳动后备军。一是在大学重点增设人工智能技术与应用等专业，扩大电子信息类、装备制造大类中的工业机器人技术等专业的招生规模，减少财经商贸类、公共管理与服务类专业的招生人数。二是在大学所有学科开设或加强数据分析教育。尤其是要对非计算机理科专业、人文社会科学专业开设数字技术课程，使学生掌握数据分析的基本技能。三是在新区小学、中学引进计算机编程等数字技术教育，尽早让青少年接触数字技术，培养适应数字技术的逻辑判断能力。根据学生智力发展阶段来设计课程，逐步提高难度。

第三，完善人才培训与服务制度。一是增加数字技术职业的培训种类，将在职者纳入培训补贴适用范围，增设大量在线课程，提高培训补贴比率，促使劳动者持续学习，提早进行技能转型升级。同时充分利用人才培训减税的手法，在现有制度的基础上明确规定更高的数字技术培训费用减税率。二是加强人才服务与产业需求对接，促进人力资源合理配置与高效利用。利用互联网平台，整合求职者、大学、用人单位及人才服务机构等各种资源，推动线上线下信息共享、资源互通，构建统一的劳动市场，促进人力资源有效流动与合理配置。三是设立劳动力转移支付专项基金，用于再就业员工的求职、培训等活动。政府补助的对象不仅包括劳动者，还应包括中小企业。四是出台有吸引力的人才优惠政策。为了引进产业紧缺的专业人才，雄安新区要在人才子女入学、出入境和居留服务、职称跨省区认定等方面比照国内其他城市实施特惠人才政策，建设新型人才特区。

第四，建立与国际接轨的职业统计制度。建议尽快建立起新区职业信息收集、公开机制，用纸质、网页方式向社会全面公开。完整的职业信息，应包括职业分类标准、每期（月、季度、年）各职业从业人数、各职业收入状况（按从业年龄、性别、地区划分）。有了这些信息，不仅可以为政策决策提供依据，还可以为求职者以及用人方提供参考材料，使得整个劳动市场参与者的行为理性化、科学化。这项工作可以委托科研机构承担。

第五，设立高新产业人才培养指导委员会。指导委员会由政府、企业和教育机构三方派员组成，共同规划产业人才培养方案，统一指挥教育、劳动就业、产业发展等各部门的行动。该指导委员会可下设若干工作组，配备专职工作人员，并且发挥工业经济、信息技术研究机构的咨询、调研和信息处理作用。指导委员会的短期任务是：一方面，对新区高端高新产业人才的需求状况进行调查与预测，在摸清情况的基础上制定中长期政策；另一方面，针对新区高端高新产业的新职业制定职业技能标准，作为日后开展教育培训的依据。

（四）加快推进雄安新区高水平全面开放的建议

在新一轮改革开放的起点上，深入学习贯彻习近平同志在中国国际进口博览会上的主旨演讲以及在庆祝改革开放四十周年大会上的重要讲话精神，创新开放思路和模式，统筹对内对外开放，打造扩大开放新高地和对外合作新平台，以高水平全面开放推动高质量发展，将雄安新区建成中国经济发展质量变革、效率变革、动力变革的示范区。

1. 雄安新区高水平开放的总体思路

第一，坚持先行先试，引领新一轮全面开放。先行先试，由点到面，采取渐进模式，形成窗口效应，是改革开放40年取得的宝贵经验，是深圳和浦东发展的成功经验。与沿海发达地区相比，雄安新区对外开放的整体水平明显偏低，存在开放理念滞后、外贸规模较小且质量不高、对接世界市场和全球资源渠道少、国际化高端要素吸引力不足等突出问题。要想从根本上扭转这种局面，必须在雄安新区规划建设中大胆"破门开窗"，加快把近年来各个自贸试验区的成功做法和先进经验放在雄安新区集中推广复制，不断把更便利化的贸易措施、更高效的通关模式、更宽松的市场准入条件精准投放到雄安新区。同时，经过40年数轮侧重点不同的对外开放，成本低、冲击小、相对容易凝聚共识的领域已经逐步开放到位，渐进式的增量开放模式遇到越来越多的困难和障碍，"开放促改革、促发展"受到掣肘。一些领域由于利益下沉，"大门已开，小门不通"的现象普遍存在，"内外有别""对外开放对内设限"的状况导致产业政策工具选择与贸易政策导向出现错配。面对部分领域改革与开放不协同、不兼容、不匹配的老问题和大矛盾，要勇于把雄安新区推向新一轮扩大开放的潮头，将雄安新区作为撬动开放之门越开越大的重要战略支点和全面开放的先行军，以更加宽阔的视野，积极探索开放新模式，在加强"自上而下"的制度创新和引导"自下而上"的市场主体自主转型两个层面上共同发力，以新经济、新科技、新产业、新模式塑造雄安新区的国际形象和竞争优势，辐射带动全国，将发展的新动能源源不断地注入开放部门。

第二,坚持以高水平开放推动高质量发展。京津冀地区是中国对外开放的重要平台,以首都为核心的京津冀世界级城市群建设是重大国家战略。以雄安新区规划建设推动京津冀协同开放,对整个北方地区扩大开放的辐射带动作用显著。为此,应充分利用雄安新区"平地起高楼"的特点,将雄安新区打造成为京津冀地区吸引国际人才、金融开放、高质量利用外资,深化京津、境内其他区域及港澳台地区的合作交流的新亮点、新名片。通过协同开放,提升京津冀地区的国际影响力及在"一带一路"沿线国家的联通效应,建成信息流、技术流、商流、人流、物流"五流合一"的世界枢纽。

第三,坚持全面开放与创新驱动、绿色发展协调推进。创新驱动发展引领区的发展定位,是雄安新区建设世界级开放高地的重要举措,开放与创新协调发展是实现这一定位的关键步骤。以创新支撑都市圈持续发展是世界级城市群的重要特征之一,纽约、伦敦、巴黎等城市群核心无一不是创新引领的典范。这些国际大都市均在城市或周边布局以创新为特色的城区或城市,如纽约硅港、东伦敦科技城、巴黎北部创新区等。京津冀协同发展的战略目标是打造世界级城市群,规划建设雄安新区是这一战略的重要组成部分。将雄安新区建设成全国创新发展的新引擎、创新驱动发展引领区，是建设以首都为核心的世界级城市群的必然选择。与此同时，如果没有高质量生态环境和优美宜居的城市形象作为保障，雄安新区难以成为国际交流中心，扩大开放与绿色发展必须协调同步。虽然拥有华北平原最大的淡水湖白洋淀是雄安新区独特的资源禀赋条件，但总体来看，雄安及周边地区长期是高污染高能耗传统产业集聚区，污染治理压力大，环境治理现阶段仍未实现实质性改善。未来雄安新区创新驱动和绿色发展必须在更加开放的条件下实现，秉承"世界眼光、国际标准"，广泛吸收全球创新资源，主动学习借鉴先进的绿色低碳发展理念，对标世界级都市的转型路径，引入绿色资本、技术、商业模式和专业人才，促使对外开放先行区与绿色生态宜居新城区、创新驱动发展引领区的发展定位相互融合、相互加持。

第四，坚持"以人为本"，推动"全要素"开放。千年大计，人才为先，以人为本。雄安新区建设发展要牢固树立人才是第一资源的理念，将开放作为吸引、聚集、提升高素质人才和优质要素的重要抓手，深化户籍制度改革，坚决破除要素跨地区流动的障碍，加快推动对外开放的重点由市场开放转向全要素开放，构建具有国际竞争力的人才制度体系，以建设人才高地助力打造创新发展高地。

2. 新形势下加快雄安新区对外开放的政策建议

第一，大幅度放宽市场准入，推动外经贸业态创新。将服务业和新兴产业作为雄安新区对外开放的着力点和突破口，积极推进金融保险、电信互联网、科技研发、文化旅游、交通运输、商贸物流、专业服务、高端制造等领域的重大开放举措在雄安新区试点示范；瞄准国际领军企业和世界顶尖创新创业团队，创造条件，鼓励人工智能、精准医疗、区块链、无人驾驶、智能安防等新科技、新产品在雄安新区试验试用、推广使用，加快产业化进程，推动标准体系建设；促进雄安新区新一代电子口岸建设，大力发展外贸新业态，引导企业运用大数据、云计算等新技术优化贸易流程，实现外贸电子商务企业与口岸管理相关部门的业务协同和数据共享。加大引资、引智力度，在雄安新区培育全球供应链集成商，整合互联网的交易资源和平台，高效处理库存、仓储、订单、物流配送等相关环节，为跨境电子商务提供综合性的供应链解决方案，帮助京津冀及北方地区更多中微企业开辟国际市场。

第二，构建多层次的协同开放机制。首先，构建协同开放的政府治理机制。对标世界银行的营商环境评价指标体系，率先打造高标准、便利、稳定的国际化营商环境。高水平对接全球贸易规则与投资规则，深入推进行政审批与市场监管体制"放管服"改革，形成透明、公平、自由的竞争机制，将雄安新区打造为京津冀协同开放的窗口。其次，构建协同开放的基建共用机制。加强雄安新区同周边城市的交通基础设施整合与对接，建立高效畅通的客运与货运通道，降低区域内要素流动成本。打造天津—雄安—西北的铁路集疏运通道，充分挖掘北京空港、天津空港和海港、河北海港等口岸资源优势，推进口岸间的互联互通，深化京津冀区域通关一体化和监管一体化改革，推动雄安新区充分对接国际市场。最后，构建协同开放的市场运行机制。借力雄安新区深化体制机制改革的契机，对标国际先进理念和模式，推进规则体系共建、创新模式共推、市场监管共治、市场信息互通、信用体系互认，率先实现区域市场一体化。完善京津冀地区资本市场、产权市场、技术市场和人才市场整合，促进资本、技术、人才等要素的自由流动，提高京津冀地区外向型经济发展水平。

第三，优化绿色发展的开放环境。重点围绕城市建设、生态环境、产业发展、交通建设四大领域，营造绿色发展的开放环境。吸引国内外各类资本、机构和人才，参与雄安新区节能减排、智慧环保、绿色低碳信息化建设。对标世界一流城市和园区，加快推进大数据和5G、物联网等新兴技术在雄安新区规划建设中的应用，打造新型智慧城市。向世界开放雄安新区落实推进"碧水行动""净土行动"的生态环保重大项目，采用最先进的技术和商业模式对白洋淀污染开展综合治理，加快生态修复。完善政府采购体系，加快公共服务市场化改革，全面开放智慧交通、智能物流、垃圾处理、绿色电网等公共服务系统。

第四，构筑全球化高端要素集聚平台。实施更具竞争力的高端人才引进政策，搭建全球化高端聚才平台，面向全世界招贤纳士。打破户籍、地域、身份、学历、人事关系等制约，通过直接引进、公开选拔、聘任、挂职等办法，畅通党政机关、企事业单位、社会各方面人才流动渠道，集聚全国乃至全世界的人才和智慧。着眼于新区的长远发展，大力引进科技创新人才、专业领军人才、具有较大发展潜力的青年人才、适应国际市场竞争的开放型人才。统筹协调相关部委，加大国家各类人才项目和制定人才政策对雄安新区给予重点关注和特殊支持的力度。申请将雄安新区列入国家引进海内外高层次人才创新创业基地，支持鼓励海内外人才带尖端技术项目入驻，建设国际化高层次人才聚集区。积极争取国家级和世界级重大人才品牌活动选址落户，扩大雄安新区人才国际品牌影响力。组织雄安新区各部门学习研究深圳经济特区、上海浦东新区等地先进经验，尽快适应并主动服务雄安新区发展。加强对雄安新区乃至河北周边乡村基层干部及青年劳动力的培训，培育其服务新区建设发展本领，提高其履职尽责能力，发挥好不同层次、不同领域人才的作用；建立完备的生活服务保障机制。大力提升公共服务水平，增强对人才的吸引力，真正让各类人才"引得进、用得好、留得住"。全面提升雄安新区医疗卫生、文化教育、社会保障等方面的制度供给和保障水平，实现基本公共服务与北京同城化或更优化待遇，以优质的城市服务功能、舒适的人居和创业环境吸引人才聚集。

（五）基于"社会问题"意识，求解雄安新区发展

雄安新区采用世界先进理念、国际一流水准进行城市设计、建设，这是人类城市发展史上一项全新的试验，具有引领城市未来发展的国际示范意义。作为"千年大计、国家大事"，要像重视"生态问题"那样重视"社会问题"，要像解决"生态问题"那样解决"社会问题"。

1. 把求解"社会问题"意识纳入每一个领域
（1）"三大和谐"统筹谋划

雄安新区，作为探索人类发展的未来之城，无论

如何定位——首都之城、生态之城、文化之城、数字之城、智慧之城、开放之城,其终极理念是人本之城,即以人为本,成为世界上最先进的人本主义城市,在代表人类发展前沿、方向、趋势、未来方面走在世界各国前列。

人类发展,其核心是实现人与自然的和谐,人与社会的和谐,人自身的和谐。其中,关于人与社会的和谐,雄安新区需要直面中国社会老龄化、少子化到来的挑战,需要处理自然人、法人、机器人"三类"人类和谐发展问题,需要应对"去单位化"的新就业形态的出现等。关于人自身的和谐,需要解决人类"幸福悖论"问题,即收入水平不断提高,人的快乐指数不是提升而是下降的问题。究其原因,一是身心分离问题,二是心灵分离问题。在雄安新区,既要解决在一线城市"肉体落户"不成的问题,又要解决在三四线城市"灵魂落户"不成的问题,从而实现人的"身—心—灵"三者协调发展、完美统一。

(2)"三大财富"综合求解

一般而言,财富可以分为劳动财富、自然财富和人文财富三种。劳动财富是"老百姓"劳动创造的,自然财富是"老天爷"(大自然)赐予人类的,人文财富是"老祖宗"遗留下来的。过去,中国发展单纯关注劳动财富的一维求解;现在,包括雄安新区在内的整个中国开始关注劳动财富和自然财富的二维求解。作为先行区域，雄安新区发展必须转向劳动财富、自然财富和人文财富的三维求解、综合求解，不能顾此失彼。不仅如此，经济分为物质经济和精神经济。其中，物质经济主要反映了劳动财富和自然财富之间的关系，更多的是一种"以物为本"的经济；精神经济主要反映了自然财富和人文财富之间的关系，更多的是一种"以人为本"的经济。

就人文财富而言，主要是指：情感，包括有利于增加人们幸福感的亲情、爱情、友情等；安全，包括工作安全、生活安全、环境安全；健康快乐，包括身体健康、心理健康、灵魂健康；风俗文化，包括能够提高民族文化底蕴的乡俗、传统等；文化历史，包括各种文物古迹、历史故事等。目前，世界各国关于幸福指数或快乐指数的衡量，大多都是用于对人文财富的衡量。因此，雄安新区必须把发展人文财富问题放在更加突出的位置。

三大财富综合求解，其思想是：财富＝劳动财富＋自然财富＋人文财富；经济＝物质经济＋精神经济；高质量发展＝高质量生活＋高质量生态＋高质量生命＋高质量生产。

（3）运用"社会5.0"的思维

为了应对新一轮科技革命与产业变革的挑战，日本提出了"社会5.0"的概念。继狩猎社会、农业社会、工业社会、信息社会之后，人类社会又出现了一个新型社会经济形态，即"超智慧社会"，这是日本面向未来社会发展的目标方向，具有先导作用。"工业4.0"的最大贡献在于运用智能制造把人从单调性、程序化的工作中解放出来，与"工业4.0"单纯强调科技、产业不同，"社会5.0"则是立足整个经济社会，通过运用 ABCD 技术（A. 人工智能；B. 区块链；C. 云计算；D. 大数据），不仅提升了人类生产的效率性，更提升了人类生活的便捷性，重构科技、产业与整个社会的关系，继而从更高层面构建全新的社会发展远景，即在新的科技文明、产业文明的基础上，打造新的社会文明。鉴于此，雄安新区的发展亟待借鉴日本"社会5.0"的思维范式，突出"社会问题"意识，将经济、社会发展融为一体。

（4）"五大建设"一体推进

党的十八大提出"五位一体"总体布局，包括经济建设、政治建设、文化建设、社会建设、生态文明建设。"五大建设"之间，相互依存，相互融合，相互制约，相互影响。从"千年大计、国家大事"的高度，无论如何强调生态文明建设都不过分。但是，基于"五位一体"考虑，还要突出强调"五大建设"之间的匹配性、协调性、协同性、有机性，即"一体化"。生态文明建设达到什么程度，其他"四大建设"也要相应跟进达到什么程度。

需要指出的是，雄安新区规划是一个跨学科、多学科的规划，在突出经济建设、生态文明建设的同时，同样也要突出政治建设、文化建设、社会建设。也就是说，针对"五大建设"，要从传统的分离式思维彻底转向融合式思维，使雄安新区在全国真正成为"五位一体"落实、落地的先行区、引领区、示范区、样板区。

（5）"美好生活"通盘设计

党的十九大报告指出要满足人民日益增长的美好生活需要。"美好生活"包括三个层面：第一层面是衣食住行用，在新时代，这个层面要分别通过"互联网＋""物联网＋""人工智能＋"实现转型升级，以此提质增效；第二层面是教育、就业、医疗、养老、文化娱乐、休闲养生，这个层面的问题，全国都是"短板"；第三层面是民主、法制、公平、正义、安全、环境，如何实现这一层次的美好生活，更需要全新思维、全新思想、全新思路。

目前看来，在雄安新区规划中，关于第二层面尤其是第三层面的美好生活，无论如何强调都不过分。这是因为，未来"社会问题"是一个大问题，其重要性一点也不亚于"生态问题"。要像重视生态文明建设那样重视社会建设。辩证地看，这是一个相对薄弱的环节，也有更大的探索空间。例如，随着"机器换人"时代的来临，人们闲暇时间增多，工作时间缩短，整个社会收入分配规则需要重新设计。在这方面，建议雄安新区先行探索、先走一步。具体而言，雄安新区社会福利、社会保障待遇由雄安新区"公民身份"决定，而非由雇佣与否决定，即以社会权利的名义为公民提供社会福利、社会保障。而且，社会福利、社会保障水平大大提升，全民共享"时代红利"，践行"普惠社会"。

2. 把破解"社会问题"措施融入每一个环节

（1）从注重运用自然科学全面科学设计转向更加注重运用人文社会科学充分科学论证

在雄安新区发展中，要把"社会问题"同"生态问题"同等看待、并重处理，要对"社会问题"进行前瞻性的预研、预判、预测。几十年来大家对于"生态问题"有切身的感受、切肤之痛。众多"社会问题"具有未见性、未知性、未来性，因此，需要集成各类社会科学领域专家的群力、群智、群慧、群策，诸如政治学家、社会学家、心理学家、文化学家、人口学家、法学家、医学家、精神病学家、美学专家、国学大家、宗教大家、健康管理专家、公共管理专家、危机管理专家等,通过"集体会诊"给出整体性的未来应对思路,从而将破解"社会问题"措施贯穿到雄安新区发展的每一环节、每一细节,像治理"生态问题"那样,把治理"社会问题"由"后管理思维"彻底转向"前管理思维"。

(2) 从"生产—生活—生态—生命"的发展路线转向"生活—生态—生命—生产"的发展路线

根据美好生活需要布置产业发展。雄安新区发展必须抓住人类"美好生活"这个根本,不忘初心,回归本真。一是解决好上一代的养老问题;二是解决好下一代的子女教育问题;三是解决好高端人才这一代的身心问题。这里,教育吸引孩子,医疗吸引老人。孩子老人有了保障,高端人才就留下来了。人留住了,人气旺了;人才多了,人才强了。产业跟着人才走,人才跟着生活走。有了高端人才,产业发展才能体现先进性、时代性、前瞻性、未来性。

(3) 从旧的基础设施建设转向新的基础设施建设

在雄安新区城市建设中,传统意义上的基础设施不可或缺,但更要先行发展新的基础设施。新的基础设施是形成新的增长动能、新的经济形态、新的运行方式、新的分配制度、新的发展阶段、新的统计体系的前提条件。新的基础设施是一个新技术群,包括:大数据、云计算,互联网、物联网,人工智能、智能终端；ICT、DT、CPS、VR、AR，区块链；识别技术（指纹、语音、人脸）、无人技术（无人驾驶、无人工厂、无人商场、无人银行）、3D技术等。它们既是技术，又是基础设施，还是产业，更是思维方式。这里，要把新技术群作为一种"装备元素"超前注入整个雄安新区的社会发展中。新的基础设施全面建成以后，则可根据人类需求和时代要求，灵活选择未来产业发展，既包括物质生产产业，又包括精神生产产业。而且，所有产业都要融入"八大元素"：生态元素、文化元素、健康元素、快乐元素、金融元素、数据元素、智慧元素、共享元素。

（4）从单纯实体空间思维转向虚实空间一体思维

随着时代变化，人们对空间的认识也在不断升级，如空间1.0（陆域）、空间2.0（陆域+海域）、空间3.0（陆域+海域+空域）、空间4.0（陆域+海域+空域+虚拟空间）。也就是说，继陆域、海域、空域之后，人类社会又产生了虚拟空间，虚拟空间具有"零时间、零距离、零成本、无边界"的特征。随着虚拟空间的出现，雄安新区一切组织发展，即经济组织、政府组织、社会组织，不仅基于实体空间，更要基于虚拟空间。广义地讲，要拓展至"空间4.0"的思维。这样一来，所有组织都要基于"实体空间和虚拟空间两者打通、融为一体"的原理进行构建、优化，充分体现"小规模大网络、小实体大虚拟、小核心大外围、小脑袋大身子"的现代布局理念，从而集成全球优秀资源解决人类发展问题。

（5）从一维平面布局转向三维立体布局

就单纯实体空间而言，在雄安新区发展中也要通盘考虑地面空间产业、地下空间产业和空域空间产业，实行立体化布局。为了适应未来需要，空域空间产业发展将会被提上重要的议事日程，空域包括低空、高空和太空。开放低空领域，发展低空产业将是雄安新区未来发展的全新亮点。随着"飞行汽车"时代的到来，汽车将由路面运行转向空中飞行，即"让汽车飞起来"，陆空一体，包括硬件（如道路设施、信号设置）和软件（如交通规则、网络安全）在内的汽车交通生态系统势必催生整个城市建设发展的全新理念、全新活动，雄安新区社会系统届时将会发生颠覆性的革命，甚至包括低空开放带来的救灾革命，即由"平面救灾"转向"垂直救灾"。

（执笔人：覃毅、崔志新、刘湘丽、杨丹辉、渠慎宁、李海舰、李凌霄）

六 深入推进京津冀协同发展的政策建议

当前，京津冀协同发展正处于百年未有之大变局阶段，比以往面临更多的外部环境和挑战，也为"十四五"时期京津冀区域经济发展带来了很多不确定因素。2020年的政府工作报告指出，受全球新冠肺炎疫情冲击，世界经济严重衰退，产业链供应链循环受阻，国际贸易投资萎缩，国内经济下行压力加大等。为此，面对国内外严峻挑战，中央和京津冀三地的政府亟须制定和完善相关的政策，加大力度推动京津冀协同发展，力求取得更大的成效，实现高质量发展。

（一）启动实施新一轮北京非首都功能疏解

新一轮北京非首都功能疏解重点应放在中央单位辅助性服务机构、企业总部、优质教育医疗机构等领域，同时也要巩固好上一轮疏解整治促提升的成果，防止违法建设、违规经营等现象反弹。在具体政策方面，中央有关部门应会同北京市政府尽快编制完成新一轮北京非首都功能疏解的目录清单，明确责任单位和实施路径，有序疏解北京市二环以内中央和国家机关非紧密性辅助服务机构，推动部分中央企业集团总部特别是下属企业总部转移到京外地区。北京市有关部门要尽快研究疏解后办公或经营场所的再利用问题，实施城市更新行动，塑造舒适宜居的城市环境。此外，北京市和中央有关部门要加强舆论宣传引导，制定北京非首都功能疏解的应急预案，避免疏解带来较大的社会负面影响。

（二）提升北京城市副中心产业发展条件

为了吸引相关企业入驻，北京城市副中心应大力承接城六区优质公共服务资源迁入，北京市委、市政府应研究论证将首都医科大学及其部分附属医院整建制迁入通州区，大力支持和推动市属重点中小学校到通州区设立分校区并实行一体化办学。北京市有关部门应加强研究制定人才、税收、土地等相关配套支持政策，吸引国家级文化机构、行业交易平台、金融服务机构等单位搬迁进驻，同时也要打造国际一流的营商环境，建设首都创新、创业、创造的特区。此外，北京市、天津市和河北省应积极争取中央支持，探索行政区划调整试点，推动通州区与廊坊"北三县"，以及天津市蓟州区、宝坻区的地区融合发展，着力扩大北京城市副中心的向东拓展发展空间和辐射范围，在更大空间上大尺度推进通州区与廊坊"北三县"、天津市蓟州区和宝坻区在城市规划与管理、基础设施建设、公共服务供给、产业发展等方面加强协调配合，建设京津冀协同发展的示范区。

（三）探索政府主导、社会资本参与、市场化运作的雄安新区城市投融资模式

为了解决短期内雄安新区建设资金缺口问题，中央有关部门应研究面向境内外投资者发行雄安新区中长期专项国债，确保城市建设前期较大规模投资的资金需求。河北省下一步要充分发挥中国雄安集团有限公司的投资平台作用，根据城市总体规划对各类产业用地进行集中收储，探索产业用地共有产权开发模式，吸引社会资本参与组建从事园区开发、产业融资等服务的专业投资公司。同时，雄安新区要借助中央赋予的先行先试机会加强金融改革，打造"金融特区"，

应吸引国内外各类金融机构入驻，大力发展金融服务业，参照国际银行业最高规格标准成立"雄安银行"，发挥金融对城市建设和产业发展的支持作用。

（四）完善大气污染防治方式

根据当前经济形势，国家有关部门应支持京津冀地方政府采取经济补偿的方式引导一批经营状况欠佳、污染排放量较大的工业企业关停退出，实现市场出清，减少污染源。同时，京津冀三地要以实施乡村振兴发展为契机，适时将京津冀大气污染防治的重点转向农村，采取政府补助引导、集体经营性资产出资和农户自己分担相结合的方式，针对不同类型村庄推进实施农户散煤取暖分类治理。此外，京津冀三地要积极探索大气污染损害的补偿机制，研究论证向大气污染排放主体征收排污费的实施方案，适时启动改革试点，建立大气污染的市场化调控机制，逐步减少污染物排放规模。

（五）积极探索产业转移协作的市场化实践模式

支持平台型园区开发企业在京津冀地区托管一批

区位条件较好、配套设施较为完善的产业园区，与当地政府共同出资成立园区运营企业、产业投资基金和共性技术平台，深入探索共同规划、共同投资、共同建设、共同管理和共同受益的发展模式。园区运营企业负责为入驻企业提供个性化、菜单式、全生命周期的项目融资、技术转移、专利申请等服务，畅通政企互动渠道。产业投资基金扮演着"耐心资本"的角色，精心为园区企业提供个性化的融资解决方案。共性技术平台就是为园区企业提供技术服务需求和"卡脖子"创新需求。只有这三个方面协同配合，这种基于市场化的产业合作园区模式才能真正迎合地方发展的需求。

（六）尽快完成"微中心"的顶层设计

由于京津冀三地许多地方都希望建设"微中心"，借此提高招商引资的筹码，带动当地产业转型升级。为此，国家有关部门应按照示范先行、由点带面、逐步扩大的思路，制定"微中心"认定的准入标准，明确准入条件，统筹区域布局，适时发布第一批"微中心"名单，制定"微中心"高质量特色发展指导意见。"微中心"原则上必须是产业发展配套条件较好、有基础承接非首都功能疏解、交通便利的县（市、区)。同时,为了促进"微中心"有效竞争,国家有关部门还应制定和实施"微中心"动态管理办法,建立"微中心"进入退出机制,加强综合考核评估,坚持奖优罚劣的原则,对一些连续几年考核不合格的"微中心"予以摘牌和公开曝光。

(七)建立"互联网+"公共服务共享平台

鉴于体制机制短期内难以实现实质性突破,京津冀三地对推动优质公共服务领域合作的需求又比较迫切,因而京津冀三地应率先在基础教育、医疗服务、就业培训等领域建设"互联网+"平台,将区域优质教育医疗资源和各县(市、区)教育医疗机构整合到"互联网+"平台,采取以中央和地方投入为主、吸引社会资本共同参与建设覆盖各县(市、区)基层的远程同步教学中心、远程医学诊断中心和远程就业培训中心。在远程同步教学方面,京津冀三地教育部门应共同研究设立中小学基础公开课程,面向重点学校和特色学校征集和拍摄课程,鼓励各基层远程同步教学中心自主选课和中小学生通过 App 自主学习。在远程医学诊断方面,在县级医疗机构全面开展疑难杂症的远程诊断服务,由京津冀三地知名医疗专家开展异地远程就诊服务。在远程就业培训方面,京津冀三地人力资源和社会保障、教育等部门应加强就业培训、就业需求等方面的合作，支持有关职业院校、社会职业培训中心等机构设立远程就业培训中心，实现培训课程、就业渠道、就业信息等方面的共享。

（执笔人：叶振宇）

附录　京津冀协同发展大事记

2013年8月，习近平总书记在北戴河主持会议，研究河北发展问题，明确提出要推动京津冀协同发展。

2014年2月26日，习近平总书记在北京主持召开座谈会，听取京津冀协同发展工作汇报，强调"要坚持优势互补、互利共赢、扎实推进，加快走出一条科学持续的协同发展路子来"，京津冀协同发展上升为重大国家战略。

2014年6月18日，京津冀协同发展领导小组第1次会议提出，对符合目标导向、现实急需、具备条件的领域要先行启动，并要求在交通、生态环保、产业三个重点领域集中力量推进，力争率先取得突破。

2014年8月，北京市科委、天津市科委、河北省科技厅正式签署《京津冀协同创新发展战略研究和基础研究合作框架协议》，将建立京津冀区域协同创新发展战略研究和基础研究长效合作机制，打造京津冀科技协同创新发展的"软环境"。

2014年12月26日,京津冀协同发展工作推进会议在北京召开。中共中央政治局常委、国务院副总理、京津冀协同发展领导小组组长张高丽主持会议并讲话。张高丽强调,京津冀协同发展的顶层设计已经取得阶段性成果,下一步工作重点要从总体谋划转向推进实施。

2015年2月10日,习近平总书记在中央财经领导小组第九次会议审议研究《京津冀协同发展规划纲要》时,明确提出了"多点一城、老城重组"的思路。

2015年4月,中共中央政治局审议通过了《京津冀协同发展规划纲要》,明确了"一核、双城、三轴、四区、多节点"的空间布局,并提出要在京津冀交通一体化、生态环境保护、产业升级转移等重点领域率先取得突破。这意味着京津冀协同发展的顶层设计基本完成,推动实施这一战略的总体方针已经明确。

2015年7月,中共北京市委十一届七次全会表决通过了《中共北京市委北京市人民政府关于贯彻〈京津冀协同发展规划纲要〉的意见》。其中,涉及京津冀协同发展的一些重磅信息首次向社会披露:北京将聚焦通州,加快市行政副中心的规划建设,在2017年取得明显成效;"控"与"疏"双管齐下,严控新增人口,2020年人口控制在2300万人以内,中心城区力争疏解15%人口。

2015年9月，北京市出台《关于建设京津冀协同创新共同体的工作方案（2015—2017年）》，提出以北京的优势产业和科技资源联合带动津冀地区创新发展，构建京津冀协同创新共同体，提升区域发展的整体水平。

2015年11月，中共中央总书记、国家主席、中央军委主席习近平对办好北京冬奥会做出重要指示，强调办好2022年北京冬奥会，是我们对国际奥林匹克大家庭的庄严承诺，也是实施京津冀协同发展战略的重要举措。中共中央政治局常委、国务院总理李克强指出，要把创新、协调、绿色、开放、共享发展理念贯穿筹办全过程，主动对接京津冀协同发展战略。中共中央政治局常委、国务院副总理、第24届冬奥会工作领导小组组长张高丽强调，要抓住筹办冬奥会重大机遇，加强统筹、主动对接，促进京津冀协同发展迈上新水平。

2016年2月，《"十三五"时期京津冀国民经济和社会发展规划》（以下简称《规划》）印发实施，这是全国第一个跨省市的区域"十三五"规划。《规划》在城市群发展、产业转型升级、交通设施建设、社会民生改善等方面整体统筹，努力形成目标同向、措施一体、优势互补、互利共赢的京津冀发展新格局。

2016年3月19日，习近平总书记听取了北京冬奥会、冬残奥会筹办工作情况汇报并发表重要讲话。他指出要把筹办冬奥会、冬残奥会作为推动京津冀协同发展的重要抓手，在重点领域先行先试，以点带面，为全面实施京津冀协同发展战略起到引领作用。

2016年5月27日，习近平总书记主持召开中共中央政治局会议，研究部署规划建设北京城市副中心和进一步推动京津冀协同发展有关工作。会议审议《关于规划建设北京城市副中心和研究设立河北雄安新区的有关情况的汇报》，"雄安新区"首次出现在汇报稿的标题之中。

2016年7月4日，中共中央、国务院批复《京津冀系统推进全面创新改革试验方案》，提出以促进创新资源合理配置、开放共享、高效利用为主线，以深化科技体制改革为动力，充分发挥北京作为全国科技创新中心的辐射带动作用，打造中国经济发展的新支撑带。

2016年7月28日，习近平总书记在河北省唐山市调研考察时强调，唐山市要抓住"一带一路"建设和国家推动京津冀协同发展的历史性机遇，努力把唐山发展得更好、建设得更美。

2017年1月23日，中共中央总书记、国家主席、中央军委主席习近平在河北省张家口市考察北京冬奥会筹办工作。习近平总书记指出，河北省、张家口市要抓住历史机遇，紧密结合实施"十三五"规划，紧密结合推进京津冀协同发展，通过筹办北京冬奥会带动各方面建设。

2017年2月23日，习近平总书记首次来到雄安新区，实地考察河北省安新县和白洋淀生态保护区，并在安新县主持召开新区规划建设工作座谈会。习近平总书记强调建设雄安新区要有"功成不必在我"的精神境界、要坚持"世界眼光、国际标准、中国特色、高点定位"理念。

2017年3月1日，第24届冬奥会工作领导小组第三次全体会议在北京召开。中共中央政治局常委、国务院副总理、第24届冬奥会工作领导小组组长张高丽出席会议并讲话。张高丽强调，要通过筹办北京冬奥会带动各方面建设，实现冬奥会筹办与京津冀协同发展的双赢。

2017年4月1日，中共中央、国务院印发通知，决定设立河北雄安新区，集中疏解北京非首都功能，探索人口经济密集地区优化开发新模式。至此，京津冀协同发展的战略布局基本完成。

2017年4月26日，雄安新区召开首场新闻发布会，面向全球招标启动规划设计方案。

2017年6月21日，中共河北雄安新区工作委员会、河北雄安新区管理委员会获批成立。

2017年7月18日，中国雄安建设投资集团完成工商注册登记。

2017年8月28日，首批48家企业获批入驻雄安，包括阿里巴巴、百度、腾讯、中国电信、中国人保等。

2017年10月18日，党的十九大报告提出"以疏解北京非首都功能为'牛鼻子'推动京津冀协同发展，高起点规划、高标准建设雄安新区"。

2017年11月10日，习近平主席在亚太经合组织工商领导人峰会上发表题为《抓住世界经济转型机遇谋求亚太更大发展》的主旨演讲。他说："我们将不断探索区域协调发展新机制新路径，大力推动京津冀协同发展、长江经济带发展，建设雄安新区、粤港澳大湾区，建设世界级城市群，打造新的经济增长极。"

2017年11月13日，雄安新区"千年秀林"工程开工。

2017年11月16日，国务院确定的172项节水供水重大水利工程之一的引黄入冀补淀工程开始试通水。

2017年12月7日，雄安市民服务中心开工建设。

2017年12月20日，北京城市副中心正式启用。

2018年1月2日，京津冀协同发展工作推进会议在北京召开。国务院副总理张高丽强调要全面贯彻党的十九大和中央经济工作会议精神，推动京津冀协同发展取得新的更大成效。

2018年2月22日,习近平总书记主持召开中央政治局常委会会议,听取河北雄安新区规划编制情况的汇报。

2018年2月23日,雄安新区党工委、管委会主办,新华网股份有限公司承办的"中国雄安官网"正式上线。

2018年2月25日,京津冀协同发展工作推进会议在北京召开。国务院副总理张高丽主持会议并讲话。张高丽强调要坚持"世界眼光、国际标准、中国特色、高点定位",把河北雄安新区建成高质量发展的全国样板。

2018年2月28日,雄安新区首个重大交通项目京雄城际铁路正式开工建设,正线全长92.4千米,共设5座车站,总投资约335.3亿元。

2018年3月1日,北京市朝阳区实验小学雄安校区、北京市第八十中学雄安校区、北京市六一幼儿园雄安院区、北京市海淀区中关村第三小学雄安校区正式挂牌成立。这标志着北京市教育援助雄安首批项目启动实施。

2018年3—12月,中国工商银行、中国农业银行、中国建设银行、交通银行等银行陆续成立河北雄安分行。

2018年4月14日，中共中央、国务院批复《河北雄安新区规划纲要》。

2018年4月21日，新华社全文播发《河北雄安新区规划纲要》。

2018年5月14日，中共中央政治局常委、国务院副总理韩正在河北雄安新区调研并主持召开座谈会。韩正强调要完善规划体系、创新体制机制、强化政策支撑、高标准高质量推进雄安新区规划建设。

2018年5月16日，河北雄安新区生态环境局挂牌成立。

2018年6月，雄安新区全面打响白洋淀综合整治攻坚战。

2018年6月13日，北京市推进京津冀协同发展领导小组会议召开，会议审议了《推进京津冀协同发展2018—2020年行动计划》和2018年工作要点，以及《北京市新增产业的禁止和限制目录（2015年版）》修订情况。

2018年6月19日，中共中央政治局常委、国务院副总理韩正在天津市调研京津冀协同发展工作。韩正强调天津市要立足比较优势，把握功能定位，在推动京津冀协同发展中做出更大贡献。

2018年8月2日，京津冀协同发展统计监测协调领导小组办公室对外发布京津冀区域发展指数。数据显示，2017年京津冀区域发展指数为153.99，比2013年上升36.29个点，年均提高9.07个点，明显快于2010—2013年水平，反映出协同发展战略对区域发展发挥了积极带动作用。

2018年9月14日，北京市卫生计生委、河北省卫生计生委和雄安新区管委会联合签署了关于支持雄安新区医疗卫生事业发展合作框架协议，京津冀将充分发挥优质医疗卫生资源的帮扶作用，提升雄安新区现有医疗卫生服务能力。

2018年10月10日起，雄安新区利用100天时间，在新区三县开展"走遍雄安"生态文明教育实践活动。

2018年12月25日，经中共中央、国务院同意，国务院批复了《河北雄安新区总体规划（2018—2035年）》。

2018年12月27日，经中共中央、国务院同意，国务院批复了《北京城市副中心控制性详细规划（街区层面）（2016年—2035年）》。

2019年1月16—18日，习近平总书记在京津冀三省市考察并主持召开京津冀协同发展座谈会，他强调，要从全局的高度和更长远的考虑来认识和做好京津冀协同发展工作，增强协同发展的自觉性、主动性、创造性，保持历史耐心和战略定力，稳扎稳打，勇于担当，敢于创新，善作善成，下更大气力推动京津冀协同发展取得新的更大进展。

2019年2月28日,中共中央政治局常委、国务院副总理韩正主持召开京津冀协同发展领导小组会议,深入贯彻落实习近平总书记在京津冀协同发展座谈会上的重要讲话精神,部署2019年重点工作。

2019年4月2日,京津冀人才一体化发展部际协调小组第四次会议在京召开,审议通过了《2019年京津冀人才一体化发展工作要点》,通报了《2019年京津冀人才智力引进活动方案》。北京市通州区、天津市武清区、河北省廊坊市三地共同签署了《通武廊人力资源服务企业联盟合作协议》。

2019年6月18日,北京市人社部门与河北省人社部门签订《京冀省际间扶贫劳务协作协议》,河北张家口、承德、保定3市的23个县人社部门与北京对口区的人社部门签订劳务协作协议,尚未脱贫摘帽的13个贫困县中的11个与北京建立对口协作关系。

2019年6月26日,2019年京津冀文化和旅游协同发展交流活动在北京举行,会上成立了京津冀文化和旅游协同发展领导小组,研究部署了《京津冀文化和旅游协同发展2019年—2020年工作要点》,京津冀三地签署了《京津冀文化和旅游协同发展战略合作框架协议》。

2019年7月3日,京津冀三地生态环境部门在河北召开第六次生态环境执法联动重点工作会议，共同制定2019—2020年京津冀生态环境执法联动重点工作。会议明确，纵深推进生态环境执法联动工作机制，健全执法联动层级，加大对重点时期、重点区域、重点行业的执法检查力度，共同打击区域违法行为。

2019年8月20日，京津冀三地地矿局（地勘院）共同发布了《关于推进地质工作全面深度服务京津冀协同发展的共同声明》，将推进地质资源环境调查监测联动，编好"一张图"、织好"一张网"、建好"一个平台"。

2019年9月25日，北京大兴国际机场正式投入运营，大兴机场高速、轨道交通新机场线、京雄城际铁路北京段等同步开通。大兴国际机场是首都的重大标志性工程，是推动京津冀协同发展的骨干工程。

2019年10月11日，生态环境部等多部门印发《京津冀及周边地区2019—2020年秋冬季大气污染综合治理攻坚行动方案》。

2019年11月5日，国家统计局、北京市统计局和中国社会科学院京津冀协同发展智库联合开展了京津冀区域发展指数课题研究。测算结果显示，2018年京津冀区域发展指数为160.13，比上年提高6.14个点。

2014年以来，京津冀区域发展指数出现较大幅度提高，2018年比2013年年均提高8.49个点，快于2010—2013年年均提高水平2.59个点。

（执笔人：王丹宇）

参考文献

白波:《河北 16 万人次在京津就医直接结算》,《北京日报》2019 年 1 月 25 日第 10 版。

谷海洪:《由"第三部门"主导的区域规划的成功范例——纽约大都市区规划》,《国际城市规划》2007 年第 5 期。

高振发、刘雅静:《张家口借力冬奥推动冰雪经济"热起来"》,《河北日报》2019 年 1 月 30 日第 11 版。

黄群慧、李晓华:《关于创新"雄安世界创新发展博览会"的建议》,《中国科学院院刊》2017 年第 11 期。

贾楠:《下绣花工,脱贫攻坚精准发力》,《河北日报》2019 年 1 月 10 日第 1 版。

李万峰:《卫星城理论的产生、演变及对我国新型城镇化的启示》,《经济研究参考》2014 年第 41 期。

文魁、祝尔娟:《京津冀发展报告(2016)》,社会科学文献出版社2016年版。

张怀琛：《2018年度省科学技术奖呈现"一减多增"新变化——"含金量"更高，协同创新驱动力更强》，《河北日报》2019年1月11日第2版。

中国社会科学院京津冀协同发展智库京津冀协同发展指数课题组：《基于新发展理念的京津冀协同发展指数研究》，《区域经济评论》2017年第3期。

中国社会科学院京津冀协同发展智库京津冀协同发展指数课题组：《京津冀协同发展指数报告（2016）》，中国社会科学出版社2017年版。

中国社会科学院京津冀协同发展智库京津冀协同发展指数课题组：《京津冀协同发展指数报告（2017）》，中国社会科学出版社2018年版。

祝尔娟、何晶彦：《京津冀协同发展指数研究》，《河北大学学报》（哲学社会科学版）2016年第3期。

《2018年河北省吸纳京津技术交易额204亿元》，《河北日报》2019年3月8日第6版。

《"泰达智造"成新名片》，《天津日报》2019年3月12日第3版。

《京津冀教育协同发展工作推进会召开》，《教师报》2019年1月16日第1版。

《我省2018年实施河湖生态补水13.9亿立方米》，《河北经济日报》2019年1月24日第2版。

《滨海新区"五大载体"精准承接非首都功能》，2019年2月22日，新华网，http：//m.xinhuanet.com/tj/2019-02/22/c_1124148777.htm。

《北京1081个村完成人居环境整治》，2019年1月29日，中华人民共和国农业农村部网站，http：//www.moa.gov.cn/xw/qg/201901/t20190129_6170826.htm。

《北京河北签署全面深化扶贫协作三年行动框架协议》，2018年4月15日，中华人民共和国中央人民政府网，http：//www.gov.cn/xinwen/2018-04/15/content_5282517.htm。

《北京去年每天新设创新型企业199家》，2019年9月26日，新华网，http：//www.xinhuanet.com/tech/2019-09/26/c_1125040834.htm。

《北京去年优良天占比超六成》，2019年1月5日，新华网，http：//www.xinhuanet.com/local/2019-01/05/c_1210030693.htm。

《北京市森林覆盖率已达43.5% "无界"森林新方式》，2019年1月23日，央广网，http：//news.cnr.cn/dj/20190123/t20190123_524491396.shtml。

《北京体育事业：在改革中阔步前行》，2019年1月21日，国家体育总局网站，http：//www.sport.gov.cn/n14471/n14472/n14509/c890524/content.html。

《河北2018年生态环境质量状况公报：空气、地表水质量持续改善好转》，2019年6月5日，人民网，http：//he. people. com. cn/n2/2019/0605/c192235-33011603. html。

《河北雄安新区白洋淀淀区主要污染物浓度实现"双下降"》，2019年2月10日，新华网，http：//www. xinhuanet. com/politics/2019-02/10/c_1210056745. htm。

《京津城际今起时速350公里开跑 运行时间缩至半小时》，2018年8月8日，新华网，http：//www. xinhuanet. com/local/2018-08/08/c_1123237336. htm。

《京津冀创新要素如何加快流动》，2019年3月27日，东方财富网，http：//finance. eastmoney. com/a/201903271080478797. html。

《全过程保障津城饮用水安全》，2019年2月13日，新华网，http：//m. xinhuanet. com/tj/2019-02/13/c_1124110505. htm。

《北京市新增产业的禁限目录实施三年成效》，2018年1月8日，搜狐网，https：//www. sohu. com/a/215366080_269004。

崔利杰：《成绩单来了！雄安新区2018全年生态环境治理成果新鲜出炉》，2019年2月1日，中国雄安官网，http：//www. xiongan. gov. cn/2019-02/01/c_

1210053062. htm。

高敬:《2018年蓝天保卫战"成绩单":三大重点区域PM2.5同比下降》,2019年1月7日,新华网,http://www.xinhuanet.com/politics/2019-01/07/c_1123958576.htm。

魏梦佳:《北京:2018年新增造林绿化面积26.9万亩》,2019年1月24日,新华网,http://www.xinhuanet.com/energy/2019-01/24/c_1124035236.htm。

中国社会科学院京津冀协同发展智库京津冀协同发展指数课题组：中国社会科学院京津冀协同发展智库隶属于中国社会科学院，系由中国社会科学院工业经济研究所协调组织的国家高端智库。作为落实《京津冀协同发展规划纲要》中"推进形成京津冀协同创新共同体"的重要组成部分，中国社会科学院京津冀协同发展智库旨在联合京津冀三地的政产学研力量，为推动京津冀协同发展咨政建言，更好地服务国家京津冀协同发展战略需要，推动京津冀协同发展。同时，为了更好地服务党中央、国务院重大决策和推进国家高端智库建设，中国社会科学院于2017年7月在中国社会科学院京津冀协同发展智库基础上加挂成立了中国社会科学院雄安发展研究智库。

长期跟踪研究《京津冀协同发展规划纲要》政策落实情况，及时对京津冀协同发展中的问题、实践和做法进行研究总结，是中国社会科学院京津冀协同发展智库的主要任务之一。为加强对京津冀协同发展阶段效果跟踪评价研究，中国社会科学院京津冀协同发展智库专门成立了京津冀协同发展指数课题组，充分利用中国社会科学院工业经济研究所的科研力量和学术网络等优势，将《京津冀协同发展指数报告》作为中国社会科学院京津冀协同发展智库着力打造的智库产品之一，为评估京津冀协同发展的阶段效果提供参考。